via reise trip

Arnd M. Schuppius

Ab an die Nordsee

Schleswig-Holstein

Inhalt

Kartenverzeichnis

Föhr

Sylt

Wohin an der Nordsee? Den Lieblingsort am Meer finden

Wind, Wellen und Watt, Strand und Sonne – das erwartet Sie, wenn Sie an Schleswig-Holsteins Nordseeküste oder auf die Nordfriesischen Inseln reisen. Jawohl, auch Sonne! Das Wetter hier oben ist nämlich gar nicht so schlecht, wie oft behauptet wird: Im Sommer gibt es höchstens elf Regentage im Monat. Die Sonne scheint sieben bis neun Stunden am Tag und die Nordsee erwärmt sich auf erfrischende 18–21 Grad. Doch den wahren Nordseefan schert die Wetterkarte ohnehin nicht. Er kommt auch im Herbst, Winter oder Frühjahr, ganz nach dem Motto: „Es gibt kein schlechtes Wetter, nur die falsche Kleidung!" Er stört sich nicht an einer kalten Nase, schwört auf das gesunde Reizklima und schwärmt von der Ruhe. Und wenn Sie abends auf dem Deich der untergehenden Sonne zusehen, wie sie Himmel und Meer in flammende Farben taucht – dann ist auch Ihnen die Jahreszeit ganz egal. Garantiert.

Außerdem bieten die Küsten- und Inselorte eine umfangreiche Palette an Sport, Wellness und Spaß für die ganze Familie. Auch hat nahezu jeder Ort sein Museum: Multimediale Inszenierungen vermitteln Wissenswertes über das Leben vor und hinter dem Deich. Denn schon immer hieß es für die Menschen im Westen Schleswig-Holsteins der stürmischen See, dem „Blanken Hans", die Stirn zu bieten. Das Highlight der Westküste liegt vor den Deichen: der Nationalpark Schleswig-Holsteinisches Wattenmeer. Mit einer Flä-

Die Dünen, der Kniepsand, die Nordsee: Strandübergang in Süddorf auf Amrum

che von 4415 Quadratkilometern ist er der größte Deutschlands und Teil des Weltnaturerbes Wattenmeer. Hier leben 250 Tierarten, die sonst nirgendwo vorkommen.

Damit Sie sich schnell zurechtfinden an der Westküste, haben wir sie in drei Regionen und die drei großen Inseln unterteilt:

Dithmarschen mit der Schleusenstadt Brunsbüttel, dem boomenden Nordseebad Büsum und Europas größtem Kohlanbaugebiet.

Eiderstedt mit der größten Sandkiste an der Küste: St. Peter-Ording, mit gewaltigen Haubargen und dem Holländerstädtchen Friedrichstadt.

Nordfriesland ist geprägt von Wind und Meer: Von Husum geht es über Nordstrand nach Pellworm, von Schlüttsiel auf die größeren Halligen, von Dagebüll nach Föhr und Amrum und von Niebüll nach Sylt.

Föhr, die „grüne Insel" mit ihren bilderbuchschönen Friesendörfern und gleich drei wuchtigen romanischen Kirchen.

Amrum mit seiner herrlichen Dünenlandschaft und einem einzigartigen Strand, dem Kniepsand.

Sylt schließlich liegt nicht nur „in Deutschland ganz oben", sondern protzt auch sonst mit einigen Superlativen.

DER AUTOR

Der gebürtige Hamburger **Arnd M. Schuppius** lebt im Städtchen Burg am Nord-Ostsee-Kanal und verdient sein Geld als Autor, Redakteur und Lektor. Die Nordseeküste Schleswig-Holsteins kennt er wie nur wenige, und die Nordfriesischen Inseln, insbesondere Föhr und Sylt, sind ihm längst zur zweiten Heimat geworden. Wenn er nicht gerade reist, schreibt oder redigiert, engagiert er sich für den Schutz des Weltnaturerbes Wattenmeer.

Wenn das Wasser weg ist: Wattspaziergänger vor Büsum

Dithmarschen

„Wo bitte ist hier das Meer?“, wird sich so mancher fragen, der im Land zwischen Elbe- und Eidermündung den Deich erklimmt. Denn selbst bei Flut versteckt sich die Nordsee vielerorts hinter weiten Wattflächen. Doch es gibt überall Badestellen und in den Ferienorten Büsum und Friedrichskoog „grünen“ Strand mit allem, was zu einem Nordseeurlaub dazugehört. Im Landesinneren versprechen vor allem die Kreisstadt Heide und das hübsche Meldorf gemütliches Bummeln in historischen Ortskernen.

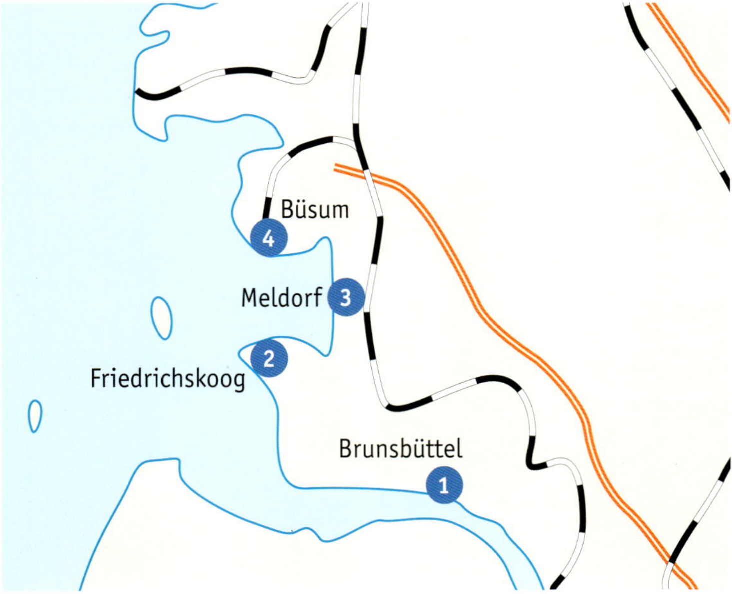

1 | Brunsbüttel

Das Tor zur Nordsee

Anfahrt

Von Hamburg 90 km | Auto ca. 1 Std. 10 Min., Bahn & ÖPNV ca. 2 Std.

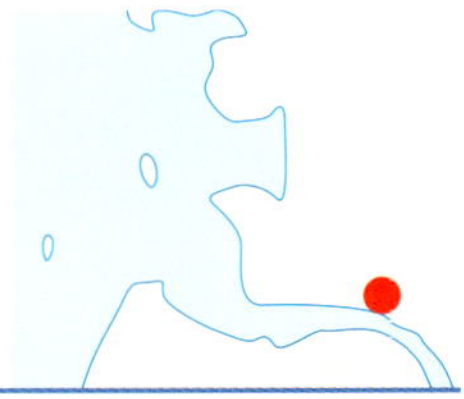

Brunsbüttel hat zwei Gesichter: Nordwestlich vom Nord-Ostsee-Kanal liegen der historische Dorfkern und die heutige Innenstadt. Südöstlich erstreckt sich beiderseits des Kanals Brunsbüttelkoog, Schleswig-Holsteins größtes Industrieareal mit Chemiefabriken und dem stillgelegten Atomkraftwerk.

Dorf, Stadtkern und Industrie wurden erst 1969 zur Stadt Brunsbüttel (12 700 Einwohner) zusammengeschlossen – und Sie wenden sich natürlich der schöneren Seite dieser Stadt zu: dem alten Dorf mit Fachwerkhäusern aus dem 18. Jahrhundert, dem Kirchplatz und der 1679 erbauten **Jakobuskirche.** Oder dem sogenannten **Beamtenviertel,** das beim Bau der Kanalschleusen nach dem Vorbild englischer Gartenstädte errichtet wurde.

Die Touristenattraktion Brunsbüttels aber ist die **Schleusenanlage,** die Ein- bzw. Ausfahrt des Nord-Ostsee-Kanals zur Nordsee. Hier können Sie locker einen halben Tag verbringen: Spannend ist es allemal,

★ **Atrium**
Die Geschichte des Nord-Ostsee-Kanals und die Funktionsweise der Schleusen, anschaulich gemacht anhand von Fotos, Schiffs- und Schleusenmodellen.

Gustav-Meyer-Platz | www.schleuseninfo.de

★ **SchleusenInfoZentrum SIZ**
Das Infozentrum ist in zehn blauen Containern untergebracht und veranstaltet Führungen in die Schleusenanlage und auf Europas größte Wasserbaustelle.

Gustav-Meyer-Platz | www.schleuseninfo.de

Vor Mole 1 wartet ein Frachtschiff auf die Einfahrt in den Nord-Ostsee-Kanal

von der **Aussichtsplattform** aus das Schleusen von Jachten, Frachtern und Kreuzfahrtschiffen zu beobachten. Das sogenannte Schleusenradar zeigt via Bildschirm in Echtzeit die auf Elbe und Kanal fahrenden Schiffe und auch die, die gerade in den Schleusen liegen. Im **Atrium,** dem angeschlossenen Museum, sind Schiffsmodelle zu sehen und Schleusennachbauten „en miniature". Sie können aber nicht nur von oben in die Schleusen schauen, sondern auch vom Kai aus: Auf Höhe der Wasserlinie, gegenüber der kleinen Brunsbütteler Marina, haben Sie von der Terrasse des Restaurants **Torhaus** einen faszinierenden Blick auf die dicken Pötte, wie sie stahlhautnah langsam aus und in die Schleusenkammern gleiten.

Gleich nebenan legen die *MS Princess* und der historische Raddampfer *Freya* zu Fahrten auf dem

Op'n Diek und **Alice**
Im 9 km entfernten Neufeld haben Sie die Qual der Wahl: Fisch oder Fisch? Ganze Fische, Krabben- und Aalspezialitäten im „Auf dem Deich" oder Fischfilets bei Alice, dem „Heimathafen für Nordseefreunde"? Aber natürlich gibt's auch Fleisch, vegetarische Gerichte, Salate usw. Und der Ausblick ist von beiden Lokalen fantastisch.

Op'n Diek 3 bzw. 5 | 25724 Neufeld | Op'n Diek: Tel. (0 48 51) 18 40 | www.restaurant-opndiek.de. | Alice: Tel. (0 48 51) 9 56 73 80 | www.alice-heimathafen.de

Hotel Kleiner Yachthafen
Wer in Brunsbüttel übernachten möchte, ist hier, gleich hinter dem innerstädtischen Elbdeich, gut aufgehoben: 39 stilvoll-moderne Zimmer (davon 14 Einzelzimmer), ein gutes Frühstücksbuffet und ein schöner Terrassengarten mit Koiteich im Innenhof.

Hafenstr. 16 | 25541 Brunsbüttel | Tel. (0 48 52) 9 40 09 33 | www.hotel-kleiner-yachthafen.de

Nord-Ostsee-Kanal ab. Und wenn Sie selbst auch mal zu Wasser gehen wollen, dann bietet sich das **Freibad Ulitzhörn** an: Hier planschen Sie auf Augenhöhe mit den Schiffen, die aus den Schleusen in die Elbmündung, hinaus auf die Nordsee fahren.

Übrigens: Die Stadt will mehr. Rund um die Schleusenanlage, die bis 2024 um eine fünfte Kammer erweitert wird, soll unter Einbeziehung des Elbufers die „Schleusenmeile“ entstehen, mit Erlebnispark, Hotel, „Kunstufer“ und Aussichtsbrücke; das **SchleusenInfoZentrum SiZ** veranstaltet entsprechende Führungen. Außerdem können Sie sich auch selbst ein Bild machen von der Größe der Anlage, indem Sie eine kleine, kostenlose Schiffsreise unternehmen und mit der **Kanalfähre** – sie fährt alle 10 Minuten – auf die Südseite übersetzen.

Was Brunsbüttel bislang an sonstigen touristischen Highlights fehlt, das macht die Umgebung der Stadt wieder wett – und die können Sie sich ganz leicht erradeln: Entweder fahren Sie Richtung Nordsee am Elbdeich entlang oder nach Osten auf dem Wirtschaftsweg, der den Nord-Ostsee-Kanal beidseitig begleitet.

Ein lohnendes Ziel, etwa eine halbe Fahrradstunde westlich, ist **Neufeld** mit seinem winzigen Hafen, in dem ein paar Boote liegen, Schafe und Enten ihren Geschäften nachgehen. Hier finden Sie Urlaubsruhe, und auf dem Elbdeich liegen gleich zwei gemütliche Gaststätten mit einem herrlichen Weitblick von ihren Terrassen aus. Oder Sie radeln landeinwärts: Keine Stunde brauchen Sie bis zum Luftkurort **Burg** mit einem alten Friedhof, der vom namensgebenden Burgwall beschützt wird, mit dem von einem 21 Meter hohen Aussichtsturm gekrönten Waldmuseum und dem nicht zu Unrecht so genannten Paradiestal mit Teichen und Wiesen mitten im Wald.

Burger Fährhaus
Direkt am 18 km entfernten Fähranleger „Burg“ übernachten Sie in einem von sechs zwar relativ kleinen, aber modernen, liebevoll eingerichteten Zimmern. Beim Frühstück im Restaurant oder auf der großzügigen Terrasse können Sie den gemütlichen Fährbetrieb und die Schiffe auf dem Kanal beobachten. Und auch die regional geprägte Speisekarte kann sich sehen lassen: Man kocht hier *feinheimisch (www.feinheimisch.de)*.

Hafenstr. 48 | 25712 Burg | Tel. (0 48 25) 24 17 | www.burger-faehrhaus.de

MEHR ENTDECKEN
Nord-Ostsee-Kanal
Wo kann man im Kanal baden? Wo übersetzen? Alles rund um die meistbefahrene Seeschifffahrtsstraße der Welt, inklusive Tourenvorschläge unter *www.nok-sh.de*.

Schafe vor Schiff: kein seltener Anblick auf dem Elbdeich bei Brunsbüttel

2 | Friedrichskoog

Seehunde und grüner Strand

Anfahrt

Von Hamburg 110 km | Auto ca. 1 Std. 20 Min., Bahn ca. 2 Std. 10 Min.

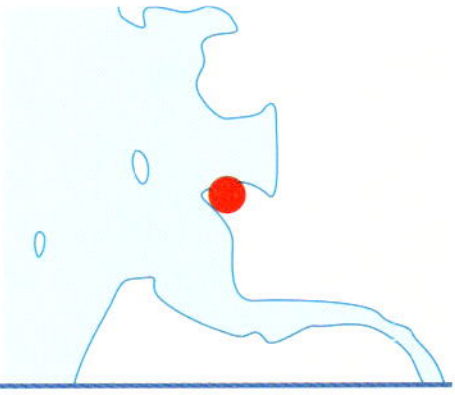

Als „Koog“ bezeichnet man eingedeichtes, dem Meer abgerungenes Marschland. Wer das weiß, versteht ein wenig besser, warum Friedrichskoog aus zwei recht weit auseinanderliegenden Ortsteilen besteht: Zunächst entstand der Hafenort, viel später erst „Frieko-Spitze“, wie die Einheimischen es nennen.

Immerhin 5 Kilometer sind es heute vom eigentlichen Ort (2 600 Einwohner) mit dem ehemaligen Kutterhafen bis zum Nordseedeich, an dem sich das touristische Leben abspielt. Hier liegt am Fuß des Deichs das eher gemütliche als trubelige Ferienbad: Apartments, das **Kurzentrum GTZ**, eine Ladenzeile, ein Ferienhausdorf im dänischen Stil, zwei rustikale Restaurants. Der „Strand“ ist eigentlich eine grüne, strandkorbbestandene Wiese, bei Ebbe ist das Wasser weit, bei Flut hingegen lässt sich entspannt baden.

Wollen Sie weder baden noch kuren, sollten Sie Friedrichskoog trotzdem besuchen, und zwar wegen der bundesweit bekannten **See-**

★ **Seehundstation**
Seehunde und Kegelrobben bei der Fütterung beobachten und sich über das Leben der Robben und Wale informieren.

An der Seeschleuse 4 | www.seehundstation-friedrichskoog.de

★ **Kurzentrum GTZ**
Kur- und Wellnesszentrum mit Meerwasserthermalbad (32 Grad warme Sole), Whirlpool, Wasserfall, Sauna und Dampfbad. Umfangreiches Fitness- und Wellnessangebot – probieren Sie mal die Überwassermassage aus!

Schulstr.-West 14 |
25718 Friedrichskoog |
Tel. (0 48 54) 9 00 20 |
www.gtz-friedrichskoog.de

Bunte Strandkörbe auf grünem Deich in Friedrichskoog – auch bei Ebbe schön!

hundstation. Hier werden „Heuler" – junge Seehunde, die mutterlos gefunden wurden – aufgepäppelt und dann wieder in die Freiheit entlassen.

Friedrichskoogs Ex-Highlight, der **Kutterhafen,** wurde 2015 trotz massiven Widerstands der Einwohner „entwidmet", der Hafeneingang durch ein Schöpfwerk zur Entwässerung des Hinterlands geschlossen. Das Ausbaggern des Hafenbeckens, das regelmäßig verschlickte, war zu teuer geworden. Die Krabbenkutter mit dem Kürzel „FRI" am Bug laufen nun Büsum an. Ab 2020 soll der Hafen zu einem Urlaubszentrum umgestaltet werden, mit Gastronomie und Marina. Vorposten dieser wünschenswerten Entwicklung des hübschen Hafenbeckens bleiben einstweilen der **Indoor-Spielplatz „Willy der Wal"** und das Fischrestaurant *Alice Heimathafen* (▸ Seite 9).

Seaside

Gleich hinterm Deich, nördlich von Friedrichskoog-Spitze, liegt dieses moderne Restaurant mit einer gemütlichen Gartenterrasse und einer Bar. Auch die Küche hier ist modern und leicht – das zeigt sich selbst bei Gerichten wie geschmorter Lammschulter oder Rumpsteak, Scholle oder dem Klassiker Hamburger Pannfisch.

Buschsand 26 | 25718 Friedrichskoog | Tel. (0 48 54) 90 48 74 | www.seaside26.de

Urthel

Wie ein extravaganter Schiffsbug aus Holz und Glas ragt dieses Restaurant in die Straße. Familie Urthel betreibt einen eigenen Kutter, besitzt eigene Krabbenschälmaschinen und eine Räucherei – entsprechend frisch sind die geräucherten, gekochten, gebratenen Flossen- und Krustentiere, die Sie hier verspeisen können. Oder Sie kaufen sich Ihren Fisch im zugehörigen Laden – der Kühltresen ist ein echter Hingucker!

Hafenstr. 71 | 25718 Friedrichskoog | Tel. (0 48 54) 2 91 | www.urthel.de

Der Dom überragt alles

Anfahrt

Von Hamburg 105 km | Auto ca. 1 Std. 10 Min., Bahn & ÖPNV ca. 1 Std. 40 Min.

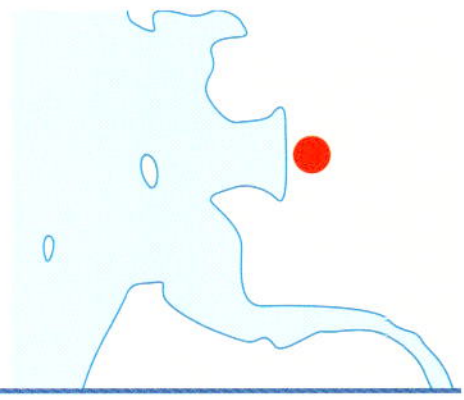

Der Turm und das wuchtige Kirchenschiff mit dem grün oxidierten Kupferdach beherrschen weithin sichtbar die Marschlandschaft. Die Meldorfer Kirche – aufgrund ihrer Größe auch Dom genannt, obwohl es hier nie einen Bischof gab – gilt als der bedeutendste gotische Kirchenbau zwischen Hamburg und Ribe in Südjütland.

Die Sankt-Johannis-Kirche wurde zwischen 1250 und 1300 erbaut und ist bis heute Dithmarschens Landmarke – allen Windrädern zum Trotz. 1866 erhielt die dreischiffige Basilika nach einem Brand einen neuen, 59 Meter hohen Turm und die Außenfassade wurde im neugotischen Stil aus Backstein aufgemauert. Innen ist die Gotik aber echt! Gewaltige Kuppeln überspannen den Innenraum. Die Gewölbemalereien aus dem 13. Jahrhundert mit Motiven aus der Schöpfungsgeschichte wurden 2009/10 aufwendig restauriert.

Zu Füßen des **Doms,** rund um den erhöht liegenden Marktplatz, ist das Flair der einstigen und einzi-

★ **Sankt Johannis**
Der gotische „Dom" ist mit seinen stimmungsvoll ausgeleuchteten Gewölben eine landesweit beliebte Location für Klassik-Konzerte, Chormusik und Lesungen.

www.kirche-meldorf.de

★ **Landwirtschaftsmuseum**
Traktoren, Mähdrescher und Co. Dazu ein komplett eingerichtetes Dithmarscher Bauernhaus des 17./18. Jahrhunderts, ein Rosengarten und die Cafeteria "Neue Holländerei". Von März bis Oktober wechselnde Ausstellungen zu regionalen Themen.

Jungfernstieg 4 |
25704 Meldorf |
www.landwirtschaftsmuseum-schleswig-holstein.de

Am Südermarkt zeugen prächtige Häuser vom einstigen Reichtum der Stadt

gen mittelalterlichen Stadt Dithmarschens (7200 Einwohner), die 2020 755 Jahre alt wird, noch gut zu spüren. Beim Bummeln durch schmale, kopfsteingepflasterte Sträßchen, vorbei an zum Teil bildhübschen Häuschen, fragt man sich, wer hier wohl wohnt, und freut sich, dass es so etwas heutzutage noch gibt. Regelmäßig stattfindende **Stadtführungen** beantworten diese und andere Fragen: Sie starten vor der Tourist-Information am Marktplatz, zwischen der unbedingt besuchenswerten **Domgoldschmiede** mit ihrem Mineralienkeller und dem *Löffelarium* und dem alteingesessenen Restaurant **Zur Linde.** Dort sollten Sie unbedingt einige Dithmarscher Spezialitäten wie den berühmt-berüchtigten Mehlbüdel (ein im Wasserbad gegarter, rosinengefüllter Teigkloß mit Schweinebacke, Kochwurst und Backobst) probieren!

Dithmarscher Landesmuseum
Stationen einer Zeitreise in die 1870er- bis 1960er-Jahre sind u. a. Wohnräume, Kneipe, Postamt und Kino.

Bütjestr. 2–4 | 25704 Meldorf | www.landesmuseum-dithmarschen.de

Brasserie V
Ob Flammkuchen, Sauerfleisch, Pannfisch oder Deichlamm: In bistroähnlichem Ambiente werden regionale und saisonale Spezialitäten serviert. Fein sind auch die Steaks vom Galloway-Rind und die Spaghetti aus dem Parmesanlaib. Gute Weine, toller und sehr günstiger Mittagstisch, nette Terrasse.

Klosterstr. 4 | 25704 Meldorf | Tel. (0 48 32) 60 14 80 | www.restaurant-v.de

Unterhalb des Marktplatzes – auf dem übrigens immer freitagvormittags **Wochenmarkt** ist – führt Sie das **Dithmarscher Landesmuseum** durch die Geschichte der alten Bauernrepublik Dithmarschen vom Mittelalter bis ins 19. Jahrhundert. Sonderausstellungen ergänzen das museale Angebot. Hinterm Markt liegt das kleine **Klosterviertel,** ein komplett restauriertes historisches Gebäudeensemble – das schönste Gebäude mit kunstvollen Fachwerkinschriften stammt aus dem Jahr 1601 – mit zwei Innenhöfen, Werkstätten und Läden. Auf der anderen Seite des Markts finden Sie ein kleines Highlight: das **Kino Meldorf,** ein gemütliches Lichtspielhaus mit Tischlämpchen, Bedienung, Bar, Popcornautomat – aber mit modernster Vorführtechnik!

Doch nicht allein Meldorfs Ortskern ist sehenswert. Sie müssen nur 10 Kilometer nach Westen radeln – und schon sind Sie an der Nordsee. Und zwar im Naturschutzgebiet **Meldorfer Speicherkoog:** Kronenloch und Wöhrdener Loch mit ihren Brackwasserseen und Schilfflächen gehören zu den wichtigsten Vogelschutzgebieten an der Westküste. Die **Nabu-Nationalparkstation „Wattwurm"** informiert vor Ort und veranstaltet Führungen. Und nicht nur zum Vogelkiek lohnt sich dieser Weg: Wenn Sie zusätzlich zum Fernglas Badezeug einpacken, können Sie am Rand des Speicherkoogs bei den **Badestellen** in Elpersbüttel und Nordermeldorf in die Nordsee hüpfen. Strandkörbe stehen auf dem Deich, Kiosk, Surfsee und Beachvolleyballfeld komplettieren das Angebot. Aber Achtung! Besorgen Sie sich vorab den Gezeitenkalender, sonst müssen Sie eventuell statt eines Bades im Meer einen Spaziergang im Watt unternehmen …

Landhaus Gardels

12 km südlich in St. Michaelisdonn erwartet Sie eine anständige, bezahlbare Küche – von Garnele & Jakobsmuschel über „Oma Gardels Rinderroulade" bis zu Nordseescholle oder Galloway-Burger. Nach einem Absacker können Sie dann Ihr Haupt in einem der 22 komfortablen Zimmer und Studios zur Ruhe betten.

Westerstr. 15–19 | 25693 St. Michaelisdonn | Tel. (0 48 53) 80 30 | www.landhaus-gardels.de

SCHÖNES IN DER NÄHE

Golfclub Am Donner Kleve

Alles andere als elitär ist das Golfen im *Club Am Donner Kleve* bei St. Michaelisdonn. Auf dem 9-Loch Hopen Course können Sie nämlich auch ohne Handicap und Mitgliedschaft golfen! Könner arbeiten sich natürlich an den 18 Löchern des Kleve Course ab. Und alle treffen sich nach der Runde in der gemütlichen Gastronomie des Clubhauses.

Alte Landstr. 1 | 25693 St. Michaelisdonn | Tel. (0 48 53) 88 09 09 | www.golf-am-donner-kleve.de

Meldorfs Wahrzeichen: der „Dom“ St. Johannis

4 | Büsum

Badeort mit Kutterhafen

Anfahrt

Von Hamburg 125 km | Auto ca. 1 Std. 20 Min., Bahn ca. 2 Std.

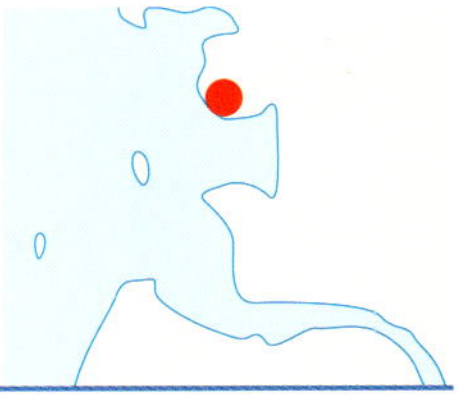

Ein Seebad hat aufgerüstet. Anders lässt sich kaum beschreiben, was in den letzten Jahren in Büsum passiert ist. Der bis dahin zur Urlaubszeit vorwiegend von Rentnern und kinderreichen Familien bevölkerte Ort ist in kürzester Zeit eines der beliebtesten Urlaubsziele an den deutschen Küsten geworden.

Das merkt man vor allem in der sommerlichen Hochsaison, dann gleicht Büsum (4900 Einwohner) einem Jahrmarkt. Gäste schieben sich durch die Gassen und stauen sich in der Fußgängerzone, in der sich Kneipen, Lokale, Eisdielen, Boutiquen und Souvenirshops drängen und es nach Bratfett duftet statt nach Nordseeluft. Die aber lässt sich auf der **Deichpromenade** bestens inhalieren: Auf dem 3,5 Kilometer langen Klimaschutzdeich neuester Generation stehen über 3000 weiße Strandkörbe und eine in den Deich integrierte Terrasse ermöglicht den bequemen Zugang von diesem grünen „Strand" zum Wattenmeer.

Glanzstück dieser Promenade am Meer ist die Perlebucht mit

★ Museumshafen
Unter dem rot-weißen Sockel des kleinen Leuchtturms liegen schmucke alte Segler, Fischkutter und Ewer. Auch ein ausgedientes Motorrettungsboot hat hier seinen letzten Liegeplatz gefunden.

★ Museum am Meer
Spielen Sie Kutterkapitän und werfen Sie einen Blick auf den harten Alltag der Krabben- und Küstenfischer.

Am Fischereihafen 19 | 25761 Büsum | www.museum-am-meer.de

Perlebucht: Ein Highlight auf der Watt'n Insel ist das Bistro-Café *Laguna*

der **Watt'n Insel.** Auf dieser über einen Damm erreichbaren Sandinsel gibt es alles, was der Badegast sich wünscht: eine Surf- und Kitesurfschule, Stand-up-Paddeln, Volleyball- und Beachsoccerfelder, Trampolins, Gastronomie, Grillplätze, aber auch naturbelassene, halbwegs windgeschützte Flächen zum Durchschnaufen und Sonnen. Zwischen Festland und Insel liegt die **Familienlagune**, ein 10 Hektar großer geschützter, tideunabhängiger Badebereich, der durch den Damm in zwei Becken unterteilt wird. Unübersehbarer Wegweiser zur Perlebucht und weithin sichtbare Landmarke ist ein gewöhnungsbedürftiges, 85 Meter hohes Apartmenthochhaus, erbaut 1972, als Touristiker, Kommunalpolitiker und Investoren noch „groß dachten" (▸ Seite 110/111).

Die Neubauten von heute beweisen da sehr viel mehr Augen-

★ **Kutterhafen**
Büsums Aushängeschild. Hier liegen die bunten Krabbenkutter – auch aus Friedrichskoog oder Husum –, und nirgendwo können Sie die berühmten „Büsumer Krabben" frischer kaufen.

★ **Phänomania**
Spannend! In diesem Erlebniszentrum werden an 200 Experimentierstationen die verschiedensten physikalischen Phänomene anschaulich gemacht.

15. März–Okt. | Dr.-Martin-Bahr-Str. 7 | 25761 Büsum | www.phaenomania-buesum.de

Dank der Nordseekrabben und der guten Lage hat Büsums Hafen eine Zukunft

maß. Man hat sich nämlich nicht auf die Neugestaltung von Promenade und Badelagune beschränkt, sondern auch sonst einiges unternommen, um Büsum von seinem verschnarchten Image zu befreien. Mit dem **Watt'n Hus** ist 2019 ein modernes Gäste- und Veranstaltungszentrum entstanden, und wo bisher das Kurzentrum stand, in der ersten Reihe also, hat im selben Jahr das **Lighthouse Hotel & Spa** eröffnet – ein 4-Sterne-Hotel mit drei Restaurants und großem Wellnessbereich. Daneben eröffneten in den letzten Jahren überall im Ort mehrere sehr schöne Hotels und Apartmenthäuser. Und 2021 schließlich soll das **Erlebnisbad Piratenmeer** neben dem Lighthouse nach umfangreicher Renovierung frisch und neu wiedereröffnet werden. Schließlich ist man seit 1949 staatlich anerkanntes Nordsee-Heilbad – da muss man seinen Gästen

Zur alten Post
Das Traditionslokal im gleichnamigen Hotel, das schon seit über 120 Jahren Büsums alten Ortskern schmückt, wartet mit sehr guter regionaler Küche auf. Deichlamm, Nordseefische und Krabbengerichte werden in einer Original-Bauernstube, im Bistro oder draußen aufgetischt. Waffeln, Flammkuchen und Käse zum Wein gibt's in der Minibar (Mi–So).

Hafenstr. 2 | 25761 Büsum | Tel. (0 48 34) 9 51 00 | www.zur-alten-post-buesum.de

Deichperle
Weiß und Gut-Wetter-Meerblau ist das Ambiente im Restaurant des Hotels *Küstenperle*. Auch die Speisekarte vermittelt Frische: Salate, Ofenkartoffeln, Steaks, Entenbrust, Ziegenkäse. Achtung: Für Kids gibt's ein Spielzimmer! Ihren Absacker können Sie in der Bar *Schneiders* zu sich nehmen.

Dithmarscher Str. 39 | 25761 Büsum | Tel. (0 48 34) 96 21 15 43 | www.hotel-kuestenperle.de

auch in der kalten Jahreszeit Badevergnügen bieten können.

Apropos Vergnügen: Im Veranstalten von Events ist Büsum ganz groß – von der täglich angebotenen Wattwanderung bis zur legendären Kutterregatta im Juli. Die Watt-Tribüne dient als Location für Konzerte aller Musikrichtungen – direkt am Meer! Optische Highlights sind das fulminante Silvester-Feuerwerk, die *Drachenflugtage* zu Ostern, das *Büsumer Meeresleuchten* (Feuerwerk mit Musik) im Sommer und die *Lichterwoche* im Herbst, während der bunt beleuchtete Skulpturen aufgestellt und Gebäude farbig angestrahlt werden.

Auch ohne diese herbstliche Illumination kann sich das alte Büsum sehen lassen. Hier, im historischen Ortskern gleich hinter der Fußgängerzone, ist noch ein klein wenig vom Charme des ältesten Seebads Dithmarschens (seit 1837) zu spüren. Das Hotel zur alten Post (1889), das denkmalgeschützte Rathaus (1912) und **St. Clemens**, die Fischerkirche aus dem Jahr 1442 mit einer wertvollen Innenausstattung, sind die sehenswertesten Gebäude. Unterhalb des ursprünglichen Orts liegt Büsums Lebensader, der Hafen mit seinen vier Hafenbecken, die durch eine Schleuse vom Vorhafen getrennt sind. Zu Füßen des knuffigen, keine 22 Meter hohen **Leuchtturms** (1912) dümpeln im **Museumshafen** diverse schwimmende Oldtimer an der Pier. Das Hafenbecken II ist für die meisten Touristen das wichtigste. Hier im **Kutterhafen** liegen Krabbenkutter aus dem ganzen Norden einer hinter dem anderen an zwei Kais, hier gibt es Krabben frisch vom Kutter. Auf der Hafeninsel, die den Kutterhafen vom Hafenbecken III trennt, finden Sie ein paar schicke Shops, das Bistro *Krabbe am Hafen* und das **Museum am Meer,** wo Sie alles über die Krabben- und Küstenfischerei erfahren können. Der Helgolandkai trennt Hafenbecken III und IV, an seinem

Bootshaus
An ein Bootshaus erinnert in diesem schmucken, kleinen Designhotel nur die moderne maritime Einrichtung mit viel Holz. 16 gemütliche Zimmer und 4 Suiten/Studios, teilweise mit Balkon, in zentraler, aber angenehm ruhiger Lage. Reichhaltiges Frühstücksbuffet.

Hafenstr. 10 |
25761 Büsum |
Tel. (0 48 34) 96 53 96 |
www.bootshaus-buesum.de

Lighthouse Hotel & Spa
Dieses Haus ist wirklich ein Leuchtturm in Dithmarschens Hotellandschaft! Und spektakulärer kann man in Büsum nicht logieren als im 2019 eröffneten *Lighthouse,* genau zwischen Museumshafen und Waterkant gelegen. 111 Zimmer, Suiten und Apartments mit Hafen- oder Meerblick und allem Komfort. Dazu 3 Restaurants, 2 Bars und ein großes Spa mit Saunen, Erlebnisbad und Sportraum.

Am Museumshafen 11 |
25761 Büsum |
Tel. (0 48 34) 9 84 20 |
www.hotel-lighthouse.de

Kopf legen die Ausflugsschiffe zu Touren ins Wattenmeer und Fahrten nach Helgoland ab. Im äußeren Hafenbecken schließlich gehen auch Freizeitskipper in der Marina vor Anker.

Und was gibt's vor der Küste zu sehen? Relativ nah liegt **Blauort,** ein sogenannter Außensand und Rückzugsort für Seehunde und Seevögel. Zu der ihn umgebenden Sandbank Blauortsand werden Wattwanderungen angeboten.

Südwestlich, gegenüber von Friedrichskoog-Spitze, liegt die 1,8 Quadratkilometer kleine Insel **Trischen,** ein bedeutendes Brut- und Rastgebiet für eine Vielzahl von Vogelarten. Hier gilt: Betreten verboten! Auf dem Eiland wohnt von März bis Oktober nur der Vogelwart. Falls Ihnen beim Blick durchs Fernglas südöstlich von Trischen ein ungewöhnliches Bauwerk mitten im Watt auffällt: Das ist die Ölförderplattform **Mittelplate,** die seit 1985 in Betrieb ist. Ja, mitten im Nationalpark Wattenmeer darf nach Öl gebohrt werden …

Noch ein Tipp für den Büsum-Besuch in der Hochsaison: Schon am Ortsanfang sind – teils gebührenpflichtige – **Parkplätze** ausgeschildert. Nutzen Sie gleich diese und fahren Sie nur weiter in den Ort hinein, wenn hier alles besetzt ist. Und ein Tipp für eine ganz besondere Übernachtung: Buchen Sie beim Tourismusservice (www.buesum.de) rechtzeitig (!) einen **Schlafstrandkorb** und verbringen die Nacht am Deich – unterm Sternenhimmel und mit Meeresrauschen als kleiner Nachtmusik.

SCHÖNES IN DER NÄHE
Wesselburen
12 km nördlich von Büsum liegt der Geburtsort des Dichters Friedrich Hebbel (1813–63). Das Hebbelmuseum informiert über sein Leben und Werk *(www.hebbel-museum.de)*. Dagegen dreht sich im *Kohlosseum* (mit Kohlmuseum und Bauernmarkt) alles um Dithmarschens Hauptexportartikel. Und in der Krautwerkstatt erfahren Sie, dass man aus Biokohl auch Saft, Salbe, Schnaps und Shampoo machen kann *(Bahnhofstr. 22a | Tel. (0 48 33) 4 58 90 | www.kohlosseum.de)*.

MEHR ENTDECKEN
Büsumer Deichhausen
Hier, gleich hinterm Nordseedeich, kann man ganz wunderbar urlauben – ohne Kurkarte, in idyllisch-ruhigen Pensionen und ganz nah bei Büsum: 10 Minuten mit dem Rad, immer am Deich entlang. Für etwas Trubel sorgt nur die *Schäferei Rolfs* mit einem Hofcafé, einem Hofladen und einem großen Angebot an Aktivitäten „rund ums Schaf" *(Marschenweg 26 | 25761 Büsumer Deichhausen | Tel. (0 48 34) 65 45 | www.schaeferei-rolfs.de)*.

Die Drachenflugtage beweisen: Auch Schweine können fliegen!

Wahrzeichen und Werbemotiv: der Leuchtturm Westerheversand

Eiderstedt

Zwischen dem angesagten Seebad St. Peter-Ording im Westen und dem bildhübschen Friedrichstadt im Osten liegt das weite, grüne Marschland der Halbinsel Eiderstedt. Die höchsten Bauwerke sind hier nicht – wie oftmals sonst an der Küste – Windräder, sondern die Türme von 19 Kirchen und stattliche Bauernhäuser, die Haubarge. Ein Urlaub in diesem Land zwischen dem fulminanten Sandstrand von „SPO" und dem alten Hafenstädtchen Tönning garantiert eines unbedingt: Entschleunigung.

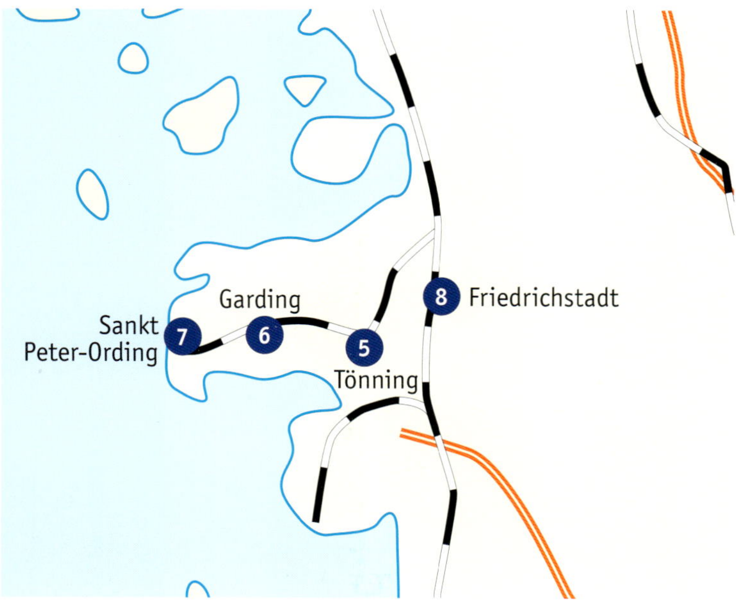

5 | Tönning

Im alten Handelshafen

Anfahrt

Von Hamburg 127 km | Auto ca. 1 Std. 30 Min., Bahn ca. 2 Std. 30 Min.

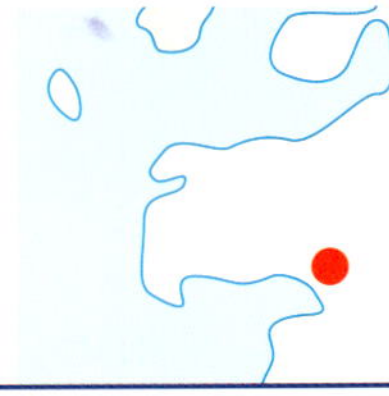

Wollen Sie das alte Tönning entdecken, müssen Sie zum Hafen fahren, der 2023 seinen 410. Geburtstag feiern wird. Er ist der schönste an der Nordseeküste. Auch heute noch zeugen die gut erhaltenen Gebäude auf dem Hafendeich – Wohnhäuser und Restaurants – von einstiger wirtschaftlicher Blüte.

Tönnings Lage an der Eidermündung sorgte einst für Wohlstand. Bis zu 3 Millionen Pfund Käse, zig Tonnen Getreide und Wolle in rauen Mengen wurden im 17. und 18. Jahrhundert im Hafen umgeschlagen, Vieh nach England verschifft. Ende des 19. Jahrhunderts fiel die Hafenstadt, nicht zuletzt durch den Bau des Kaiser-Wilhelm-Kanals (heute: Nord-Ostsee-Kanal), in einen Dornröschenschlaf, jedoch ohne Schloss. Das war im Zuge der dänischen Belagerung im 18. Jahrhundert abgerissen worden; geblieben ist der Schlosspark. Wachgeküsst vom Tourismus, ist Tönning (5 000 Einwohner) heute ein beliebtes Ausflugsziel.

★ **Multimar Wattforum**

250 000 l Meerwasser fasst das größte der 37 Aquarien im Wattforum. Auch dieser Pottwalbulle ist hier zu bewundern.

Am Robbenberg | 25832 Tönning | www.multimar-wattforum.de

★ **Packhaus**

Das imposante Gebäude beherbergt eine Ausstellung zur Stadtgeschichte und wird im Dezember – laut Guinness-Buch – zum längsten Adventskalender der Welt.

Am Eiderdeich | 25832 Tönning |

Bei Niedrigwasser liegt man in Tönnings Hafen schon mal auf dem Trockenen

Insbesondere der **Hafen** ist Anziehungspunkt für Touristen. Im geschützten Becken des historischen Binnenhafens liegen heute vor allem die Motor- und Segeljachten von Hobbyskippern, aber auch der ein oder andere Traditionssegler. Auf der Binnenseite des Hafenbeckens stehen durchgängig hübsche, denkmalgeschützte Häuser auf dem Deich und bilden so etwas wie eine Gastromeile – (Hotel-)Restaurants mit so schönen maritimen Namen wie *Godewind, Zum Goldenen Anker* oder *Hafenblick*. Das repräsentative Gebäude ganz am Ende des Ensembles beherbergt das Wasserstraßen- und Schifffahrtsamt. Auf der anderen Seite thront unübersehbar das historische **Packhaus.** Auf der 4000 Quadratmeter großen Fläche des wuchtigen dreistöckigen Gebäudes von 1783 wurden einst Rinder und Schafe zusammengetrieben, be-

Bio-Hotel Miramar
Das 34-Zimmer-Hotel achtet in jeder Beziehung auf Nachhaltigkeit. Und das Restaurant *Alte Schule* ist ein gefundenes Fressen auch für Vegetarier! Das Gemüse kommt „von um die Ecke", Lamm und Lachs aus Bio-Zucht und der Schafskäse aus der Tetenbüller Käsemanufaktur. Es gibt einen kleinen Saunabereich und eine Terrasse mit Strandkörben für den Nachmittagskaffee.

Westerstr. 21 | 25832 Tönning | Tel. (0 48 61) 90 90 | www.biohotel-miramar.de

SCHÖNES IN DER NÄHE
Hoyerswort
Das Herrenhaus Hoyerswort, ein Renaissancebau aus dem späten 16. Jh., war einst Eiderstedts einziger Adelssitz. Heute beherbergt das „Schloss" ein kleines Museum, die Keramikwerkstatt des Hausherrn und ein Café mit Gartenterrasse. Regelmäßig finden Musikveranstaltungen und Märkte statt. Neben dem Schloss steht ein stattlicher Haubarg aus dem Jahr 1704.

Mo geschl. | Kotzenbüller Chaussee 2 | 25870 Oldenswort | Tel. (0 48 64) 2 03 98 38 | www.hoyerswort.de

vor sie neben anderen Waren aus dem ganzen Land verschifft wurden. Heute finden hier ganzjährig Events statt: Ausstellungen, Flohmärkte, Mondscheinkino, Ostereiermarkt, „Weihnachtsereignis“ usw. Gleich daneben, in der **Alten Fischereigenossenschaft**, können Sie Krabben, Fischbrötchen und -salate, Frisch- und Räucherfisch kaufen oder gleich vor Ort verspeisen.

Am **Außenanleger** auf der Eider, die hier schon sehr breit ist, starten Ausflugsschiffe zu Flusstouren und zu den Seehundbänken – inklusive spannender Schleusung durchs Eidersperrwerk.

Auf dem **Marktplatz**, rund um den Sandsteinbrunnen von 1613, erzählen noch einige Giebelhäuser vom einstigen Reichtum Tönnings. Im Norden des Platzes ragt der 62 Meter hohe, 1706 errichtete Barockturm der **Sankt-Laurentius-Kirche** empor. In ihrem Inneren ist vor allem das barocke Deckengemälde sehenswert.

Für nicht wenige liegt Tönnings Highlight allerdings vor dem Ort, nicht weit von der B5: Das **Multimar Wattforum** ist einzigartig an der Nordseeküste. In 37 Aquarien ist hier ein Großteil der schwimmenden Fauna des Wattenmeers zu sehen; im größten ziehen unter anderem Störe, Seelachse und Nagelrochen ihre Bahnen hinter einer 36-Quadratmeter-Panoramascheibe. Im zweistöckigen Turmbecken leben zum Beispiel Seewölfe und Dorsche. Im Obergeschoss lernen Sie die Vögel des Wattenmeers kennen. Im Untergeschoss hängen – lebensgroß – Skelette und Modelle von Walen unter der Decke: ein 17,5 Meter langer Pottwal in Gesellschaft von drei Schweinswalen und einem 6,5 Meter großen Zwergwal. Und was gibt's noch? Süßwasser- und Berührungsbecken, ein Kino, ein Terrassenrestaurant, ein Spielareal – und ab 2021/22 eine großzügige Außenanlage für Fischotter.

MEHR ENTDECKEN
Katinger Watt
Dieses Watt ist etwas ganz Besonderes: ein 1 500 ha großes Mosaik aus Laubwald und Schilfflächen, aus Überschwemmungswiesen, Tümpeln und Teichen, das man zu Fuß, mit Rad oder Pferd erkunden kann. Dieses ungewöhnliche Nebeneinander von Wiese, Wald und Watt lockt viele Vogelarten an. In seiner Mitte steht ein 13 m hoher Aussichtsturm zur Vogelbeobachtung. Das Naturzentrum Katinger Watt bietet Führungen und Touren an.

Apr.–Okt. | www.nabu-katinger-watt.de

SCHÖNES IN DER NÄHE
Eidersperrwerk
Sind unter dem 263 m langen Tunnel des Sperrwerks die fünf je 40 m breiten Schotts geschlossen, wird die Nordsee bei Flut ausgesperrt. Das Hochwasser bleibt draußen; Eider und Treene behalten ihre normalen Pegel. Setzt die nächste Ebbe ein, werden die Schotts geöffnet und das (Regen-)Wasser aus dem Binnenland kann über Treene und Eider in die Nordsee fließen. Vor dem Bau des 4,8 km langen Eiderdamms mit dem Sperrwerk (1967–73) wurde das Land regelmäßig überflutet.

www.wsv.de/wsa-toe/bauwerke

Staunende Kids, hungrige Kabeljaus: Essenszeit im Multimar Wattforum

6 | Garding

Kulturzentrum & Kirchspiel

Anfahrt

Von Hamburg 134 km | Auto ca. 1 Std. 30 Min., Bahn ca. 2 Std. 50 Min.

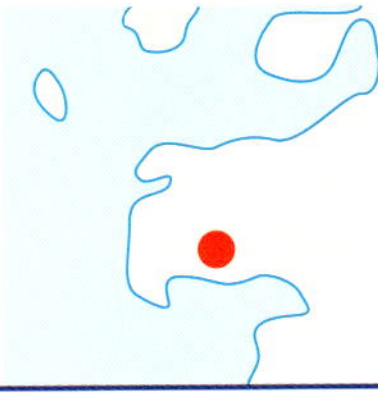

Im Luftkurort Garding (2 700 Einwohner), genau auf halber Strecke zwischen Tönning und Sankt Peter-Ording, führen alle Wege zum Marktplatz. Hier findet jeden Dienstag der Wochenmarkt statt – und zwar seit dem Jahr 1575!

Im Zentrum des Marktplatzes, auf dem höchsten Punkt der Stadt, steht die **Sankt-Christians-Kirche** aus dem 12. und 15. Jahrhundert. Ihr massiver Turm wirkt, als wolle er die kleinen Häuser drum herum behüten. Auch unter ihren gotischen Gewölben ist Bemerkenswertes zu sehen: so der Orgelprospekt von 1512, die älteste Kanzel Eiderstedts und der manieristische dreiflügelige Gemäldealtar. Draußen steht zu Füßen der Kirche auf einem einfachen Pfeiler eine Bronzebüste von **Theodor Mommsen** (1817–1903). Der Rechtswissenschaftler und Historiker wurde 1902 als erster Deutscher für seine Schriften zur römischen Geschichte mit dem Nobelpreis für Literatur ausgezeichnet. Gegenüber, in seinem **Geburtshaus,** wird an ihn erinnert.

★ **Theodor-Mommsen-Gedächtnis**
Das älteste Haus der Stadt, das Alte Diakonat am Marktplatz, ist das Geburtshaus des Nobelpreisträgers Theodor Mommsen. Im modernen Anbau ist eine kleine Gedenkausstellung eingerichtet.

Markt 5 | 25836 Garding

Tapas Bar No. 5
España auf Eiderstedt: lockere Atmosphäre, sehr gute Tapas, (spanische) Weine und Cocktails. Wer zu zweit kommt und eine von vier Paella-Varianten verspeisen will, bestellt die gleich bei der telefonischen Tischreservierung oder verweilt ein Dreiviertelstündchen beim Wein – es lohnt sich!

Fischerstr. 5 | 25836 Garding | Tel. (0 48 62) 2 01 83 73 | www.tapas-bar-no5.de

Ein Gasthof wie aus uralten Zeiten: Andresens wunderbare Schankwirtschaft

Kunst und Musik prägen Garding auch heute, das Städtchen ist Eiderstedts kulturelles Zentrum. Das **Alte Rathaus** in der Enge Str. 5 ist ein weithin bekannter Veranstaltungsort mit sehenswerten Kunstausstellungen. Dazu kommen Events wie zum Beispiel der Spezialitätenmarkt der Eiderstedter Landfrauen im Juli, die *Musikantenbörse* im Juli/August sowie regelmäßige Klassik- und Jazzkonzerte in der Kirche.

Doch nicht nur den Geist, auch den Körper können Sie in Garding erfrischen, und zwar im 7 Kilometer entfernten **Vollerwiek.** Dort befindet sich Gardings **Badestelle** – mit Imbiss und Strandkörben. Auf dem Weg dorthin kommen Sie übrigens durch ein hübsches Örtchen mit dem schönen Namen **Welt** – ein Stopp lohnt sich!

Schankwirtschaft Wilhelm Andresen
8 km südlich, am Nordrand des Katinger Watts, liegt dieser 350 Jahre alte Gasthof. Nehmen Sie Platz an einem der Tische in der gemütlichen, denkmalgeschützten Kachelstube oder im Garten und freuen Sie sich auf Kuchen, Bauernfrühstück und Bratkartoffelgerichte. Berüchtigt sind die belegten Brote, berühmt der Eiergrog – beide wegen ihrer Reichhaltigkeit.

Katingsiel 4 | 25832 Tönning | Tel. (0 48 62) 3 70 | www.schankwirtschaft-andresen.de

SCHÖNES IN DER NÄHE
Tetenbüll
Ein Bilderbuchdorf! Mit dem Kirchspielkrug als Landgasthof, der überregional bekannten *Friesischen Schafskäserei* und vielen Galerien. Das *Haus Peters,* ein ehemaliger Kaufmannsladen aus dem Jahr 1820, ist die älteste erhaltene dörfliche „Hökerei" Schleswig-Holsteins. Zu sehen gibt es dort auch Radierungen von Horst Janssen und wechselnde Kunstausstellungen. Kaufen kann man Kunsthandwerk, Bücher, Marmelade & Co. *(Dörpstraat 16 | 25882 Tetenbüll | www.hauspeters.info).*

7 | Sankt Peter-Ording

Die Sandkiste des Nordens

Anfahrt

Von Hamburg 142 km | Auto ca. 1 Std. 40 Min., Bahn ca. 3 Std.

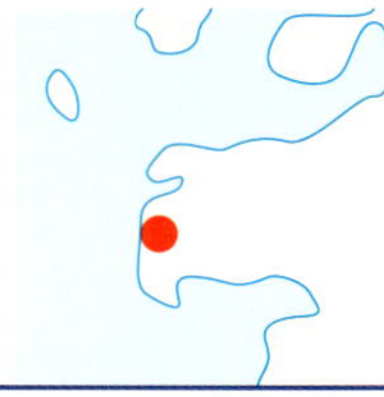

Eines vorweg: Sankt Peter-Ording ist ziemlich weitläufig! Der Ort an der Westküste der Halbinsel Eiderstedt besteht aus den vier Ortsteilen Böhl, Dorf, Bad und Ording – immerhin rund 6 Kilometer Hauptstraße sind es vom einen zum anderen Ende des beliebten Nordseeheilbads.

Diese Tatsache und die vielen Wegweiser, die auf Kureinrichtungen, Kliniken und alle möglichen Attraktionen hinweisen, können Erstbesucher durchaus verwirren. Doch irgendwann landen sie alle in „Bad“, dem Zentrum des touristischen Lebens in SPO – so die gern benutzte Abkürzung des Ortsnamens. Ja, Sankt Peter-Ording (3 960 Einwohner) ist im Lauf der Zeit zusammengewachsen. In **Dorf**, dem immer noch recht gemütlichen alten Ortskern, gibt es zig Restaurants und Boutiquen. Mittendrin steht die **Kirche Sankt Peter** (um 1200) mit Eiderstedts ältestem Schnitzaltar (um 1480). In **Bad** tobt das Leben, hier befinden sich die Tourismuszentrale und die **Dünen-Therme** mit Meer-

★ **Westküstenpark & Robbarium**
Tiere von A wie Alpaka bis Z wie Zebu in naturnah gestalteten Landschaften. Im Robbarium tauchen Seehunde.

Wohldweg 6 | 25826 St. Peter-Ording (Böhl) | www.westkuestenpark.de

★ **Museum der Landschaft Eiderstedt**
In diesem friesischen Bauernhaus aus dem 18. Jh. gibt es historische Möbel, Haushalts- und Wertgegenstände.

Olsdorfer Str. 6 | 25826 St. Peter-Ording | www.museum-landschaft-eiderstedt.de

Ein paar Meter überm Strand von Ording hat die Badeaufsicht alles im Blick

wasserwellenbad, Thermalbad, Dünensauna mit Meerblick und Bistro. In **Böhl,** im südlichen Ortsteil, ist es eher beschaulich, hier liegen die meisten Kur- und Rehakliniken, hier steht auch Sankt Peters **Leuchtturm,** und die Tiere im 14,5 Hektar großen **Westküstenpark** warten auf Besucher. Besonders die Vögel der Nordseeküste, die man sonst nur durchs Fernglas sieht, sind einen Besuch wert. Weitaus sportlicher geht es in **Ording** zu, im Norden: Dort trifft sich die Surfer- und Strandsegler-Szene, werden Mann und Frau (erlaubt) nahtlos braun. Tipp: Besorgen Sie sich vorab oder in der **Tourismuszentrale** (Badallee 1 und Maleens Knoll 2) einen Ortsplan!

Apropos sportlich: Gut zu Fuß sein müssen die über 400 000 Urlauber, die es in SPO, der Sandkiste der Nordseeküste, jährlich ans Wasser drängt. Auf 12 Kilometern Strand-

★ **Nordsee-Bernsteinmuseum**
Alles über das Gold des Nordens. Im Laden können Sie Schmuck aus dem Millionen Jahre alten Nadelbaumharz kaufen.

Dorfstr. 15 | 25826 St. Peter-Ording (Dorf) | www.nordsee-bernsteinmuseum.de

SCHÖNES IN DER NÄHE
Leuchtturm Westerheversand
Das Wahrzeichen der Westküste liegt 18 km nördlich. Der rot-weiße Turm mit den beiden Wärterhäuschen am Fuß ist inklusive der Warft, auf der er steht, 41,5 m hoch. Er wurde 1906 auf einem Fundament aus Baumstämmen errichtet. Der Turm kann nur nach telefonischer Anmeldung und 2,5 km Fußweg ab dem Parkplatz am Info-Hus Ahndelweg 4 besichtigt werden.

Führungen Ostern–Okt. Mo/Mi/Sa mehrmals tgl. | 25881 Westerhever | Tel. (0 48 65) 12 06 | www.westerhever-nordsee.de

Vom Strand übers Meer in die Strandbar *54° Nord*: Beachlife in St. Peter-Bad

länge ist zwar reichlich Platz für alle, aber der Strand ist bis zu 2 Kilometer breit, der Weg zum Meer also weit. Im Ortsteil Bad zum Beispiel pilgert man über die 1 058 Meter lange **Seebrücke,** bis man Sand und Wasser unter die Füße bekommt. Immerhin sorgt in der Poleposition gleich am Fuß der Brücke der Sylter Gastronom Jürgen Gosch (▸ Kapitel „Sylt", ab Seite 109) mit einer seiner zahlreichen Gaststätten fürs leibliche Wohl erschöpfter Strandläufer. Die Fahrradstege zum Böhler und zum Ordinger Strand sind eine echte Alternative. In Ording und Böhl ist es Gästekarteninhabern vom 15. März bis 31. Oktober erlaubt, im Auto auf den Strand zu fahren (Parkplakette 8 Euro/Tag). Haben Sie ein Herz für die Umwelt, jedoch müde Füße, dann chauffiert Sie der Ortsbus kostenlos an Ihren Badeplatz.

Seekiste
Alles, was man von norddeutscher Küche erwartet: Labskaus, Pannfisch, Krabben, Miesmuscheln, Salzwiesenlamm. Vielleicht Matjestatar oder ein Kartoffelsüppchen als Vorspeise? Danach Lammbraten mit Wirsing oder eine Kutterscholle: Die deftige und trotzdem raffinierte Küche lohnt die Wanderung zu diesem Pfahlbau.

Mi abends geschl. | Am Böhler Strand | 25826 St. Peter-Ording (Böhl) | Tel. (0 48 63) 47 67 57 | www.dieseekiste.de

Bude 54
20 top ausgestattete Buden mit Balkon in einem modernen, stylischen Holzhaus – von der Mini- über die Chill- bis zur Familienbude. Für ganz Ausgeschlafene: die Planschbude mit frei stehender Badewanne gleich am Bett. Frühstück gibt's gleich um die Ecke in der *Strandbude 31*.

Möwensteg 8 | 25826 St. Peter-Ording (Bad) | Tel. (0 48 63) 4 21 36 00 | www.bude54.de

Beim Thema Strand kommt man natürlich nicht um Sankt Peter-Ordings Highlights herum: die **Pfahlbauten.** Sie sind im Wortsinn Höhepunkte, stehen sie doch bis zu 8 Meter über dem Sand bzw. dem Wasser. Die 13 Holzhäuser – ab 1911 an fünf Stellen des Strandes gebaut – beherbergen Restaurants, Sanitäranlagen und Strandaufsichten. Sie sind nur in der Saison geöffnet. Wenn Sie ein längeres Gelage in einem der Lokale – es gibt fünf – planen und trockenen Fußes zurück aufs Festland wollen, sollten Sie vorher in den Gezeitenkalender schauen! Übrigens: Bis 2022 werden einige der Pfahlbauten aufgrund immer höherer Wasserstände um rund 160 Meter zurückversetzt – der Klimawandel ist hier an der Küste sehr viel direkter spürbar als andernorts.

Essen gehen hoch überm Meer, Strandspaziergänge und Baden sind Ihnen nicht genug? Kein Problem: Sankt Peter-Ording ist berühmt für sein vielfältiges Sportangebot, das der Größe des Strandes entspricht. Es reicht von Beachsoccer und -volleyball über Surfen bis zum Strandsegeln. Fürs Windsurfen, Kitesurfen, Katamaransegeln und Stand-up-Paddeln ist das **Wassersportcenter X-H20** in Ording die richtige Adresse. Kitesurfen auf dem Strand geht auch, und zwar im dreirädrigen Buggy, testen können Sie es bei der **Kitebuggyfahrschule.** Und falls Sie mal das noch rasantere Strandsegeln ausprobieren wollen, ist die **Nordsport-Strandsegelschule** Ihr Ansprechpartner. Bei hochkarätigen Veranstaltungen können Sie sich mal anschauen, was die Profis in diesen Sportarten so draufhaben. Im Juli finden Spiele der *beachtour* statt, der deutschen Meisterschaften im Beachvolleyball; im August wird das Finale der deutschen Meisterschaften im Kitesurfen geboten und Ende September/Anfang Oktober die Weltmeisterschaft im Strandsegeln.

Wollen Sie ein wenig gemächlicher sporteln, geht natürlich auch

Das Kubatzki
„Fair und frei, gesund und glücklich." So das Motto des – schwarz, weiß, helles Holz – durchgestylten Gästehauses mit 36 Zimmern und Suiten abseits vom Trubel. Die Küche umschreibt Hausherr Marco Kubatzki mit „internationaler Hausmannskost" ... das macht neugierig. Gattin Dörte gibt Yogastunden im hauseigenen Studio. Ebenfalls der Entspannung dienen eine Sauna und im Garten Hängematten.

Im Bad 59 | 25826 St. Peter-Ording (Bad) | Tel. (0 48 63) 70 40 | www.das-kubatzki.de

Strandhütte/Axels Restaurant
Schon tagsüber haben die Gerichte Witz: z. B. Pulled Lamm mit Spitzkohl und Tomatensalsa oder Fisch & Chips mit Zitronenmayonnaise. Ab 18 Uhr nähert man sich hoch überm Strand der Hochküche – mit Kalbstatar oder Aal & Entenleber vorweg und Lammrücken, Schwarzfederhuhn-Brust oder gebratenem Seeteufel als Hauptgericht.

Mo/Di geschl. | Zum Südstrand | 25826 St. Peter-Ording (Bad) | Tel. (0 48 63) 4 74 70 11 | www.die-strandhuette.de

das. Am Strand von SPO-Bad gibt es täglich Gymnastik und weitere Gratis-Action zum Mitmachen (Auskünfte bei der Tourismuszentrale). Pferdefreunde können sich auf Ausritte am Strand freuen, Zweiradfreunde auf lange Radtouren entlang des Deichs. Wanderern verschafft ein 350 Hektar großer Kiefernwald genug Auslauf – und sei es nur bis zum Aussichtsturm auf der immerhin 16,6 Meter hohen Düne „Maleens Knoll“ mit einem herrlichen Blick über Dünen, Heide und Wald.

Bleibt die Frage: Was tun, wenn es stürmt und der Regen fast waagerecht von vorn kommt? Ja, das ist hier an Eiderstedts Nasenspitze gar nicht mal so selten! Doch keine Bange, auch an Schlechtwettertagen sind Sie in Sankt Peter bestens aufgehoben. Da gäbe es die oben erwähnte *Dünen-Therme* mit ihrem 6 500 Quadratmeter großen Wellnessbereich, ein umfangreiches gastronomisches sowie ein ebensolches Shoppingangebot – vor allem in Bad und Dorf, dazu Schmankerln wie das kleine Verzehrkino **Nordlicht** (Im Bad 31). Abgesehen davon können auch diejenigen Gäste, die keine Ferienwohnung gemietet haben, sondern ein Hotelzimmer, sich dort wie zu Hause fühlen. Bieten viele Hotels doch etliche Extras, um auch einen Regentag zu überstehen. Resorts wie das **Beach Motel** und das **Zweite Heimat** in Ording oder das **StrandGut** in Bad haben auch architektonisch neue Akzente gesetzt. Alles in allem also beste Voraussetzungen für ebenso entspannte wie spannende Urlaubstage.

Pfahlbauten
Die bundesweit bekannten Wahrzeichen des Nordseebades erheben sich meterhoch über den Strand und sind nur in der Saison (März/Apr.–Okt.) geöffnet.

SCHÖNES IN DER NÄHE
Tating
Das Örtchen besitzt neben Sankt Magnus, der ältesten Kirche Eiderstedts (ab 1103), und einigen netten Läden auch den wunderschönen, denkmalgeschützten 4 ha großen Hochdorfer Garten *(www.hochdorfer-garten.de)*, um 1760 gemäß barocker französischer Gartenbauarchitektur angelegt. Nach dem Spaziergang sollten Sie ins Café *Schweizer Haus* einkehren – die Kuchen und Tortenstücke sind ebenso gewaltig wie unwiderstehlich *(Mo geschl. | 25881 Tating | Tel. 04682 2019681 | www.schweizerhaus-tating.de)*.

Ording
B 202
Tümlauer Chaussee
Dreilanden
St. Peter-Ording
Bad St. Peter-Ording
Dünen-Therme
Eiderstedter Straße
St. Peter-Bad
Seebrücke
Alter Badweg
Neuweg
St. Peter-Dorf
Im Bad
Bad St. Peter Süd
Museum der Landschaft Eiderstedt
Nordsee-Bernstein-Museum
Westküstenpark & Robbarium
Pestalozzistr.
Böhler Landstr.
St. Peter-Böhl
N
400 m

8 | Friedrichstadt

Das Holländerstädtchen

Anfahrt

Von Hamburg 133 km | Auto ca. 1 Std. 30 Min., Bahn ca. 2 Std.

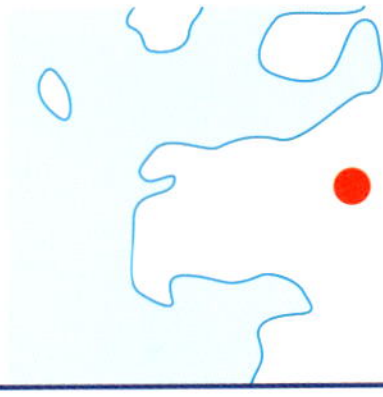

Gleich hinter der Landesgrenze zu Dithmarschen, zwischen Eider und Treene, liegt eines der schönsten Städtchen Norddeutschlands. Dabei ist es ein Ort, dessen Häuser, Kirchen und Kanäle so ganz untypisch sind für Schleswig-Holstein. Warum? Weil Holländer ihn entworfen haben!

Sie sollten sich also nicht wie sonst an der Westküste an einem Kirchturm orientieren, wenn Sie das Zentrum von Friedrichstadt (2 560 Einwohner) suchen. Zwar liegt auch in Friedrichstadt der Markt mitten in der Stadt, aber eine Kirche fehlt hier. Dieses Stadtbild ist dem Gottorfer Herzog Friedrich III. (1616–59) zu verdanken, der von einer Handels- und Hafenstadt an Eider und Treene träumte. Er lockte Niederländer, die im 17. Jahrhundert wegen ihres Glaubens fliehen mussten, in sein weitverzweigtes Herzogtum, versprach ihnen freie Religionsausübung, Abgabenerlass und andere Privilegien. Anhänger unterschiedlichster Religionen folgten dem Ruf des Herzogs: Mennoni-

★ **Alte Münze**
In diesem niederländischen Renaissancehaus wurden nie Münzen geprägt, es diente als Speicher. Heute ist es das Historische Museum zur Stadtgeschichte.

Apr.–Okt. | Am Mittelburgwall 23

★ **Grachtenfahrten**
Eine Holländerstadt muss man auch vom Wasser aus erleben! Kundige Kommentare der Kapitäne sind inklusive. Besonders reizvoll: die Mondscheinfahrten. Aber auch eine kleine Flusskreuzfahrt auf Eider und Treene macht viel Spaß. Außerdem werden Elektro-, Ruder- und Tretboote verliehen.

Apr.–Okt. | Schiffsanleger an den Landungsbrücken und Am Deich | www.grachtenschiffahrt.de, www.grachtenfahrt.de

Eins hübscher als das andere: alte Giebelhäuser in der Prinzenstraße

ten, Quäker, Juden, Lutheraner und Katholiken. Alle bekamen die gleichen Rechte, sodass keiner Kirche eine bevorzugte Lage eingeräumt wurde. Die Niederländer bauten sich ihre Stadt mit **Grachten** wie daheim und rechtwinkligen Straßenzügen; die Kirchen fanden Platz zwischen den Bürgerhäusern mit ihren für die niederländische Renaissance typischen Treppengiebeln. Zwar wurden die Träume des Herzogs nicht komplett verwirklicht, doch noch heute gibt es in der „Holländerstadt" vier Glaubensrichtungen und fünf Kirchen.

Deren schönste ist die **Remonstrantenkirche** in der Prinzessstraße. Sie wurde 1854 im Stil des Klassizismus als Nachfolgebau einer Saalkirche von 1624 errichtet, das Kircheninnere 2018/19 grundlegend saniert. Heute finden hier auch ganz weltliche Konzerte statt. Am Mittel-

Aquarium
In Friedrichstadt kann man auch richtig schlemmen! Nämlich in diesem Hotelrestaurant an der Gracht. Ein 7-Gang-Menü sähe dann etwa so aus: Rauchaal mit Lardo, Eigelb-Raviolo mit Trüffel, Risotto mit Stubenküken, Fjordforelle, Rinderfilet, Dessert nach Wahl, Käse vom Hof Backensholz. Sie können sich aber auch mit weniger zufriedengeben ... und nach dem Essen in einem der 37 großzügigen Zimmer übernachten.

Am Mittelburgwall 2–8 | 25840 Friedrichstadt | Tel. (0 48 81) 9 30 50 | www.hotel-aquarium.de

Holländische Stube
Gemütlich! Gut essen im alten Giebelhaus zwischen Antiquitäten und Delfter Kacheln oder auf der Terrasse direkt an der Gracht. Geboten wird klassische Regionalküche, ergänzt um Pastagerichte und sehr gute Burger. Sie können sich aber auch einfach nur zur Kaffeetafel niederlassen.

Am Mittelburgwall 24–26 | 25840 Friedrichstadt | Tel. (0 48 81) 9 39 00 | www.hollaendischestube.de

burgwall steht die **Mennonitenkirche,** in der auch die Lutheraner der dänischen Gemeinde ihre Gottesdienste abhalten. Mit dem heutigen Stadtmuseum **Alte Münze** – ein original erhaltenes Renaissancegebäude von 1626 – bildet sie ein Ensemble, in dessen Garten sich der alte Mennonitenfriedhof befindet. Auf der anderen Seite der Gracht finden Sie die evangelisch-lutherische Kirche **St. Christophorus.** Am Fürstenburgwall steht die katholische Kirche **St. Knud** und ein Stück in Richtung Treene am Binnenhafen die ehemalige **Synagoge** (heute ein Kulturzentrum).

Religionsfreiheit war das eine, Handel und der damit verbundene Wohlstand das andere. Noch heute lassen die schmucken Giebel der Stadthäuser rund um den **Markt** ahnen, wie „holländisch" Friedrichstadt einst war. Besonders schön ist die Häuserreihe (Nr. 16–24) an seiner Westseite, mit am ursprünglichsten das sogenannte „Edamer Haus" (Nr. 16) mit einem Engelskopf aus Sandstein als farbigem Fassadenschmuck, „Hausmarke" genannt. In der Mitte des Markts beschützt ein hellblaues **Brunnenhäuschen** die Marktpumpe, verziert mit vier Versen über das Wasser, gereimt vom berühmtesten plattdeutschen Dichter Klaus Groth (1819–99). Gemütliche Einkaufsmeile ist neben dem Markt die von ihm abgehende **Prinzenstraße** – Einrichtungsläden und Souvenirshops, Tee und Räucherfisch, Keramikstudios und Galerien in alten Giebelhäusern. Beim Shoppen können Sie sich übrigens auch auf „Hausmarken-Entdeckungsreise" begeben! Vom Frosch über Rose und Taube bis zum Weinkelch werden Sie alle möglichen Zeichen entdecken. Und auch beim Flanieren an den Grachten entlang stoßen Sie auf solche Hausmarken. An ihren Ufern liegen Restaurants und Cafés – entspannte Orte zum Klönen, die Terrassenplätzchen direkt überm Wasser bilderbuchschön.

Klein Amsterdam

Hier sind Sie mittendrin. Aus den acht Zimmern (teilweise mit Balkon) des kleinen, 2016 komplett renovierten Hauses schauen Sie entweder auf die Mittelgracht oder auf den Marktplatz. Das Frühstück gibt's nebenan in der *Holländischen Stube.* Praktisch: Im Erdgeschoss können Sie bei *Dit un Dat* gleich Ihr Friedrichstadt-Souvenir kaufen!

Am Mittelburgwall 28 | 25840 Friedrichstadt | Tel. (0 48 81) 93 90 29 | www.kleinamsterdam.net

SCHÖNES IN DER NÄHE

Lunden

Lunden ist eher langweilig – wäre da nicht der berühmte Geschlechterfriedhof, der die Geschichte der mächtigen Bauerngeschlechter Dithmarschens erzählt. Unter den Gruftplatten ruhen ihre Vorfahren. Aufrecht steht der „Sühnestein" von Peter Swyn (1480–1537), der für die Abschaffung der Blutrache warb und deshalb ermordet wurde. Ganz hervorragend speisen können Sie im Hotelrestaurant *Lindenhof 1887 (Di geschl. | Friedrichstr. 39 | 25774 Lunden | Tel. (0 48 82) 4 07 | www.lindenhof1887.de).*

Der Ostersielzug in Friedrichstadt verbindet Eider und Treene

Abend im Nordstrander Koogland

Nordfriesland & die Halligen

Ein karges Land, durch das der Wind pfeift, sagen die, die nur schnell durchreisen, um auf die Inseln oder nach Dänemark zu kommen. Für alle anderen ist das wunderschöne Land hinter den Deichen mit dem weiten Horizont ein Sehnsuchtsort. Sein kulturelles und wirtschaftliches Zentrum ist die Küstenmetropole Husum. Jenseits der Deiche, mitten im Wattenmeer, liegen die Inselperle Pellworm und die Halligen, Wind und Wellen ausgesetzte Bollwerke gegen den Blanken Hans.

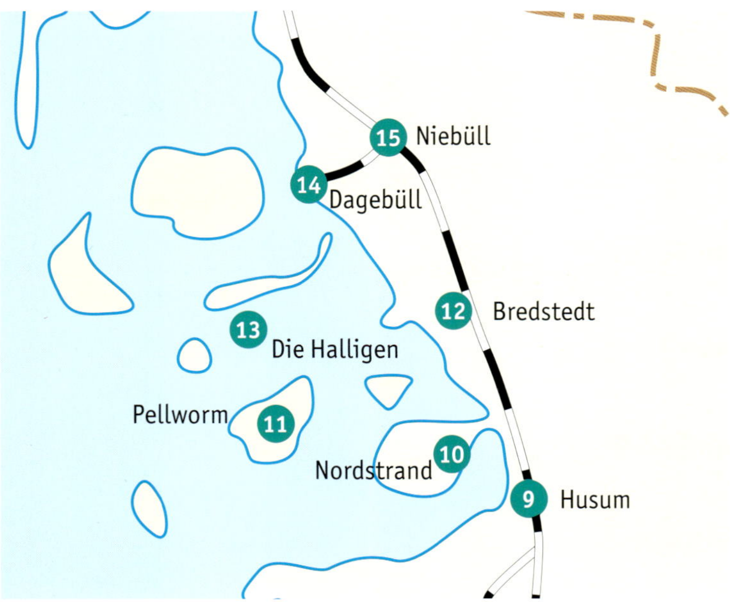

9 | Husum

Die bunte Stadt am Meer

Anfahrt

Von Hamburg 145 km | Auto ca. 1 Std. 50 Min., Bahn ca. 2 Std. 10 Min.

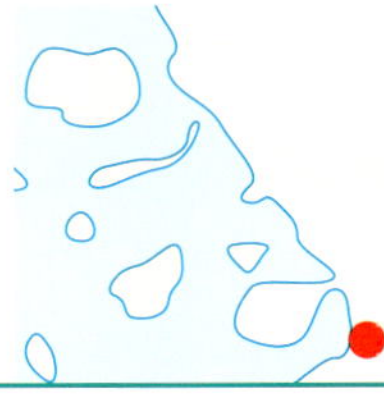

„Am grauen Strand, am grauen Meer und seitab liegt die Stadt ..." Wenn Sie durch Husum schlendern, folgen Sie zwangsläufig den Spuren des berühmtesten Sohns der Stadt, Theodor Storm. Er war es, der Husum als „du graue Stadt am Meer" beschrieb und sie so weltbekannt machte.

Die grauen Husumer Häuser sind längst bunt oder aus Backstein, doch wenn die Wolken tief über der Stadt hängen, dann können Sie die von Storm so eindringlich beschriebene graue Stimmung erleben. Auch aus der Ferne ist die größte Stadt an der Westküste (23 300 Einwohner) keine lockende Schönheit. Doch wer sie betritt, wird verzaubert werden von der historischen Altstadt mit kopfsteingepflasterten Gassen, dem Markt und den restaurierten Giebelhäusern aus dem 16. Jahrhundert. Dass die Stadt zur Küstenmetropole wurde, ist einer Jahrhundertsturmflut zu verdanken: Die „große Mandränke" verschlang 1362 weite Teile der Küste und bescherte dabei Husenbro, „Brücke bei den Häusern",

★ **Weihnachtshaus**
Museum zum Thema Weihnachten vom Biedermeier bis heute. Laden mit allem, was zu einem gelungenen Fest so gehört.

Westerende 46 | 25813 Husum | www.weihnachtshaus.info

★ **Nordfriesland Museum**
Im größten Museum an der Nordseeküste erfahren Sie alles über Deichbau und Sturmfluten, aber auch über Natur, Kultur und das Alltagsleben an der Küste.

Herzog-Adolf-Str. 25 | 25813 Husum |

Der Binnenhafen mit dem Restaurantschiff *Nordertor* ist auch Flaniermeile

einen schiffbaren Zugang zur Nordsee. Das Dorf wurde zum Hafen und Umschlagplatz für Küstenfischer.

Heute hat Husum zwei Häfen: Im **Außenhafen** werden in großem Umfang Agrarprodukte verschifft, außerdem Krabben und Nordseefische angelandet. Die Schiffswerft *HDR* ist auf die Reparatur und den Innenausbau von Schiffen spezialisiert. Im **Binnenhafen** liegt auf der historischen Slipanlage der Tonnenleger *Hildegard* (Baujahr 1907). Noch im Wasser schwimmt das fest vertäute Restaurantschiff *MS Nordertor* zusammen mit Kuttern, Ewern, Jachten und Traditionsseglern. Restaurants, Cafés und Shops machen die Hafenmeile zum beliebtesten Ziel aller Husum-Besucher. Die Folge: Im Sommer und an Wochenenden geht hier oftmals kaum noch was. Touristisches Highlight ist das viertägige **Hafenfest** im Au-

Hartmann's Landküche
Speisekarte? Fehlanzeige. Klaus Thiem kocht das, was der Markt heute hergibt und wozu er gerade Lust hat – seine Suppen, Snacks, Tapas und „Teller" sind allesamt ein Genuss. Immer gibt's Frühstück und mindestens einmal im Monat Livemusik – und nicht nur dann sollten Sie unbedingt reservieren.

Do–Di, Okt.–Juni Do–Sa |
Neustadt 13 |
25813 Husum |
Tel. (0 48 41) 6 68 22 19 |
www.hartmanns-landkueche.de

Schifffahrtsmuseum Nordfriesland
Nordfriesische Schifffahrts- und Fischereigeschichte, illustriert u. a. mit vielen Schiffsmodellen. Attraktion ist das „Uelvesbüller Wrack", ein aus dem Watt geborgener Frachtensegler des 16. Jhs. Schifffahrt zum Anfassen gibt es auf dem Außengelände: Boote, ein Ruderhaus, ein Quermarkenfeuer und vieles mehr.

Zingel 15 |
25813 Husum |
www.schiffahrtsmuseum-nf.de

Der Tine-Brunnen auf dem Markt steht für Seefahrt, Fischerei und Viehhandel

gust. Besuchenswert darüber hinaus ist das **Nationalpark-Haus**, wo Sie unter anderem Wattenmeervögel aus nächster Nähe betrachten können – weil ausgestopft. Und am Abend lockt der **Speicher** (Hafenstr. 17), ein Kulturzentrum der Stadt, mit Theater, Ausstellungen und Konzerten.

Oberhalb des Trubels liegt die heimelige, viel ruhigere Innenstadt, die zum großen Teil Fußgängerzone ist. Ihr erster Weg sollte Sie in die **Tourist-Information** am Markt (Großstr. 27) führen. Dort bekommen Sie den Gratis-Faltplan „Kulturpfad der Stadt Husum", der Sie mit ebendiesem Gebäude – nämlich dem **Historischen Rathaus** von 1601 – als erster Station zu 34 Sehenswürdigkeiten in der Innenstadt führt. Wobei Sie sich zunächst auch nur auf dem **Markt** umzuschauen brauchen: Neben dem oben erwähnten Rathaus steht eines der ältesten

Schloss vor Husum
Der Renaissancepalast wurde 1752 zu einem Barockschloss umgebaut. Die Räume sind zu besichtigen, im Rittersaal werden Konzerte gegeben.

König-Friedrich V.-Allee | 25813 Husum

SCHÖNES IN DER NÄHE
Schobüll
Für die einen ist das Schönste an diesem ansehnlichen Örtchen das knuffige Kirchlein am Meer *(www.kirchlein-am-meer.de)*, eine frühgotische Backsteinkirche aus dem 13. Jh. mit einer kostbaren Innenausstattung – beliebt als Hochzeitskirche und bekannt für Konzertveranstaltungen klassischer Musik. Für die anderen ist es der direkt am Meer liegende Campingplatz und die Seebrücke, die das Baden in der Nordsee auch bei Ebbe möglich macht.

Häuser Husums (Markt 1 und 3), der gotische Teil datiert um 1400. Urkundlich erstmals 1520 erwähnt, wurden hier Münzen geprägt. Im Haus Markt Nr. 9 kam Theodor Storm (1817–88) zur Welt. Immerhin die vier Fenster im oberen Stockwerk und das Dach vom Geburtshaus des Dichters sind original erhalten geblieben. Aus dem Jahr 1656 stammt das Haus, das heute die Schwan-Apotheke beherbergt (Großstr. 21). Sehr hübsch ist auch das Wernersche Haus (Großstr. 18), ein Treppengiebelhaus mit backsteinroter Fassade.

Das den Markt beherrschende Gebäude ist die hübsche klassizistische **Marienkirche** von 1833 mit einer sehenswerten bronzenen Taufe (1643). Zu ihren Füßen erinnert das heimliche Wahrzeichen Husums, der **Tine-Brunnen**, an ein spendables Geschwisterpaar, das 1859 sein Vermögen der Stadt vererbte. Die Tourist-Information ist auch der Startpunkt für **Führungen** aller Art: Stadtrundgänge, Nachtwächterführungen (sehr beliebt!), Exkursionen in Husums Umgebung etc.

Doch auch abseits des Hafens und des Markts hat Husum so einiges zu bieten! Seine Museen natürlich: Außer dem *Nordfriesland Museum – Nissenhaus Husum*, dem *Schifffahrtsmuseum* und dem *Weihnachtshaus* gibt es da noch das **Theodor-Storm-Museum** (Wasserreihe 31), ein Kaufmannshaus mit lauschigem Gärtchen, das von 1866 bis 1880 Storms Zuhause war. Auch das **Poppenspäler-Museum** im Schloss vor Husum erinnert indirekt an den Dichter, ist Pole Poppenspäler neben dem Schimmelreiter Hauke Haien und dem kleinen Häwelmann doch eine seiner bekanntesten Figuren. In dem kunterbunten Puppenspieler-Museum schauen Sie in die Augen von 500 Puppen und Marionetten. Ein Freilichtmuseum ist das **Ostenfelder Bauernhaus** (Nordhusumer Str. 13), ein niederdeutsches Fachhallenhaus aus der Zeit

Thomas Hotel
Das junge Haus mit allem Komfort liegt mitten in der Stadt und punktet mit einer schicken Bar im Bistrostil, einer ebensolchen Lounge, Fitnessraum und Spa. Die meisten der 56 top ausgestatteten Zimmer haben einen Balkon. Wollen Sie abends gut und norddeutsch essen, haben Sie's bequem: *Dragseth's Gasthof*, Husums ältestes Gasthaus, liegt gleich nebenan.

Zingel 7–9 |
25813 Husum |
Tel. (0 48 41) 6 62 00 |
www.thomas-hotel.de

MEHR ENTDECKEN
Hattstedter Marsch
11 km nördlich, zwischen Hattstedt und Wobbenbüll, ist „Schimmelreiter-Land“. Diese Landschaft soll Theodor Storm für seine berühmte Novelle vor Augen gehabt haben. Der *Schimmelreiterkrug*, ein Hof aus dem Jahr 1870 und ehemalige Gaststätte (heute ein wenig ansehnliches Wohnhaus) liegt gleich hinterm Deich: Wenn Sie in Wobbenbüll die Deichstraße nehmen, kommen Sie nach ca. 3 km direkt dorthin. 1934 wurde hier die Geschichte um Hauke Haien verfilmt.

um 1600, das den bäuerlichen Alltag jener Zeit dokumentiert. Es gibt also viel zu besichtigen!

Genug Historisches, genug Museales – schließlich können Sie in und um Husum auch shoppen und feiern. In den verkehrsberuhigten Zonen Markt, Groß- und Hafenstraße reiht sich ein Geschäft ans nächste, aber an dieser Stelle ein Tipp: Gemütliche kleine Shoppingmeilen sind die Hohle Gasse und ihre Verlängerung, die Straße Neustadt. Auf dem Marktplatz ist immer donnerstags (im Sommer auch samstags) bis mittags **Wochenmarkt,** frischen Fisch gibt's am Hafen zum Beispiel im **Fischhaus Loof** (Kleikuhle 7), frisches Fleisch im **Lammkontor** (Deichstr. 7–8) und beim **Stadtschlachter Claußen** (Markt 20).

Für den fröhlichen Abend bei gutem Essen bietet sich zum Beispiel **Husums Brauhaus** (Neustadt 60–68) an, fürs Fine Dining das **Eucken** im Hotel Altes Gymnasium (Süderstr. 2–10). Fürs Feiern im großen Rahmen hier ein kleiner Auszug aus dem Eventkalender: Zum Krokusblütenfest im März bedecken Millionen Krokusse die Schlosswiese mit einem satten Violett, feucht-fröhlich sind die Hafentage im August, maritim-kulinarisch die Krabbentage im Oktober, besonders stimmungsvoll unter den Winterfesten das *Weihnachtliche Schlossvergnügen.*

Und Sie können hier auch ordentlich baden gehen – nämlich im Meer, schließlich sind Sie hier an der Nordsee. In dieselbe steigen Sie zentrumsnah am **Dockkoog** (mit Badesteg, Strandkörben, Strandcafé) und an der 10 Kilometer südwestlich gelegenen Badestelle **Lundenbergsand** in Simonsberg. Den Gezeitenkalender gibt's bei der Tourist-Info – damit Sie wirklich nasse Füße kriegen …

Nordfriesisches Lammkontor
Deichlamm, Salzwiesenlamm, Weiderind aus Eiderstedt – darum dreht sich hier (fast) alles. Sönke Magnus Müller hält die Biofahne hoch und ist folgerichtig Mitglied bei *Feinheimisch* und *Slowfood.* Zum Kontor gehören außer dem Restaurant im Eiskeller ein gemütliches Bistro-Café im Innenhof und ein verführerischer Hofladen.
Do geschl. |
Deichstr. 7–8 |
25813 Husum |
Tel. (0 48 41) 4 04 28 01 |
www.lammkontor.de

SCHÖNES IN DER NÄHE
Roter Haubarg
Schon auf Eiderstedt, 10 km südwestlich, beherrscht der stattlichste aller Haubarge den Adolfskoog. Nur rot ist der mächtige Hof (750 m² Grundfläche) mit seiner riesigen Reethaube nicht mehr, seine Backsteinmauern sind weiß verputzt. Im Südteil, wo einst die Bauern wohnten, werden delikate regionale Spezialitäten und köstliche Kuchen serviert. Im sogenannten Vierkant, dem Wirtschaftsteil und Stall, ist ein Museum untergebracht.

Mo geschl., im Winter auch Di |
www.roterhaubarg.de

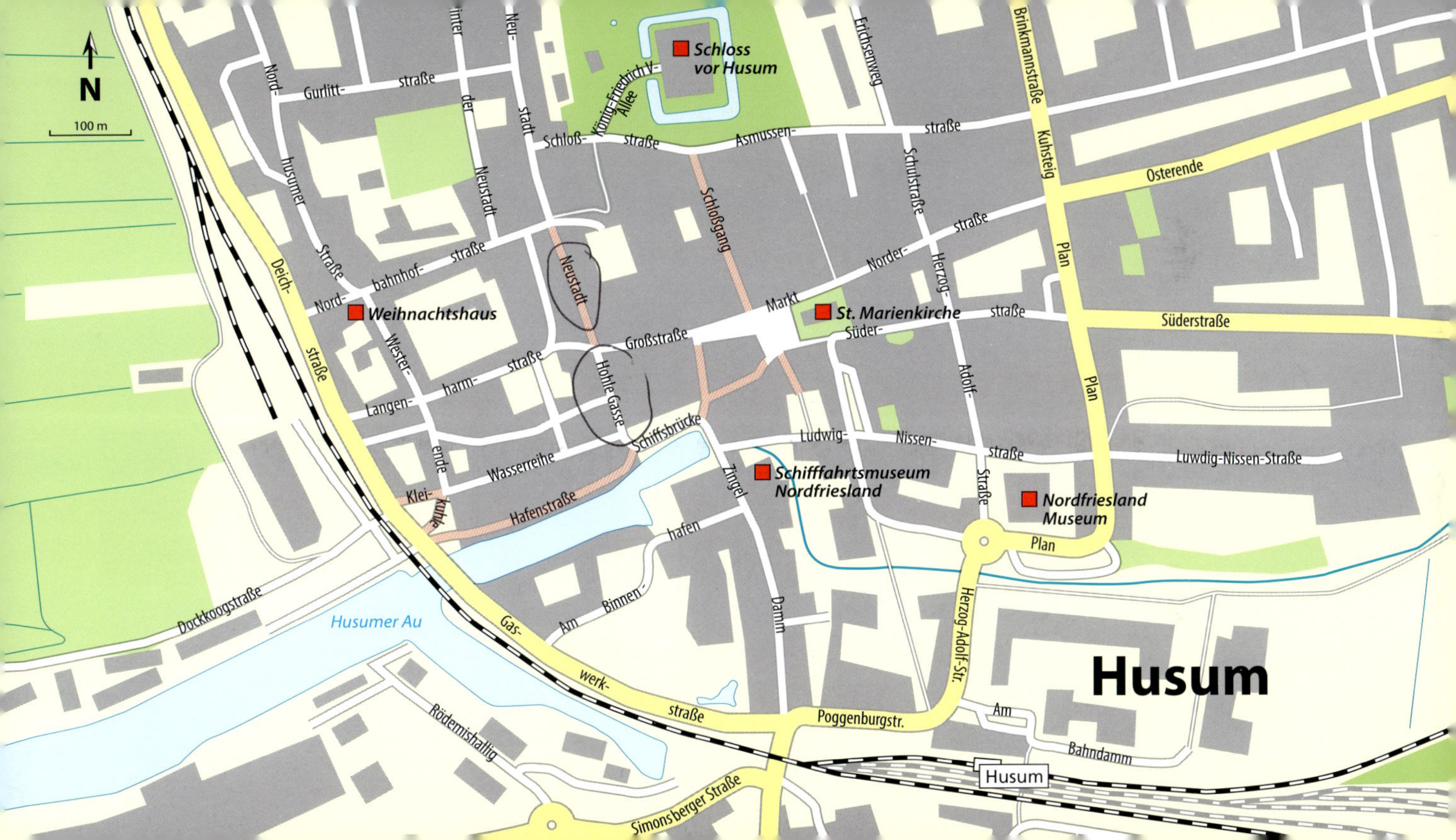

Husum
Schloss vor Husum
St. Marienkirche
Nordfriesland Museum
Schifffahrtsmuseum Nordfriesland
Weihnachtshaus
Brinkmannstraße
Kuhsteig
Plan
Osterende
Süderstraße
Luwdig-Nissen-Straße
Herzog-Adolf-Straße
Herzog-Adolf-Str.
Schulstraße
Erichsenweg
Asmussen-straße
Norder-straße
Süder-straße
Ludwig-Nissen-straße
Markt
Schloßgang
König-Friedrich-V.-Allee
Schloß-straße
Großstraße
Hohle Gasse
Neustadt
Schiffsbrücke
Zingel
Damm
Am Binnenhafen
Poggenburgstr.
Am Bahndamm
Simonsberger Straße
Gaswerkstraße
Neustadt
Hinter der Neustadt
Gurlitt-straße
Nordbahnhofstraße
Westerende
Langenharmstraße
Wasserreihe
Hafenstraße
Kleikuhle
Nordhusumer Straße
Deichstraße
Husumer Au
Rödemishallig
Dockkoogstraße
100 m
N

10 | Nordstrand

Halbinsel im Koogland

Anfahrt

Von Hamburg 165 km | Auto ca. 2 Std., Bahn & ÖPNV ca. 3 Std. 20 Min. (bis Strucklahnungshörn)

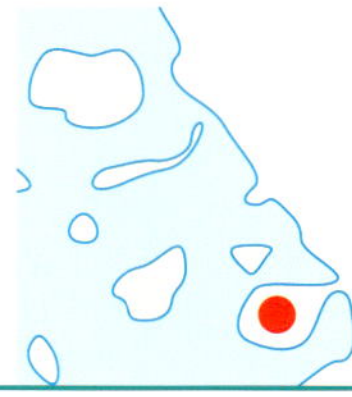

Und auf einmal sind Sie da ... Sieben hohe Eichenpfähle, an denen Wimpel aus Granit „wehen", zeigen Ihnen, dass Sie auf Nordstrand sind. Die Skulpturengruppe *7 Flaggen* des Bildhauers Tom Müllers steht am Ende des 4 Kilometer langen Damms, der auf die Halbinsel führt. Sie symbolisiert die sieben Köge, aus denen Nordstrand besteht.

Die Halbinsel (2 250 Einwohner) ist ein Rest der einstigen Insel Strand, die von den schweren Sturmfluten 1362 und 1634 zerrissen wurde, und heute Bauernland: Felder, Weiden und Marschwiesen. Sie ist auf drei Seiten von einem Seedeich umgeben und hat somit, bis auf künstlich aufgeschütteten Sand, grünen Strand. Touristentrubel kennt man hier nicht, auch wenn vom kleinen Hafen **Strucklahnungshörn** die Fähre nach Pellworm und Ausflugsdampfer ablegen. Ansonsten heißt das Programm: Fahrradfahren, Walken und Wattwandern.

Aber natürlich gehen auch Baden, Shoppen, Schauen und Schlem-

Pharisäerhof
Heute ein gemütliches Café-Bistro-Restaurant. Hier soll 1872 der berühmt-berüchtigte Pharisäer – Rum versteckt sich in Kaffee mit Sahnehaube – erfunden worden sein.

Elisabeth-Sophien-Koog 3 | 25845 Nordstrand | www.pharisaeerhof.de

Watt'n Grill
Dieser unkonventionelle, irgendwo zwischen Imbiss und Kneipe angesiedelte Treffpunkt der Einheimischen hinterm Silo am Süderhafen ist ein echter Tipp: XXL-Burger, Currywurst, Sauerfleisch mit Bratkartoffeln, gute Fischbrötchen, aber auch Grünzeug – alles, was zum Rund-um-Wohlfühlen dazugehört, inklusive netter Bedienung und Terrasse.

Mi geschl. (Juli/Aug. tgl.geöffnet) | Süderhafen | 25845 Nordstrand | Tel. (0 48 42) 9 01 78 55 | www.wattn-grill.de

Wo Vögel wohnen: zwischen Beltringharder Koog und Arlau-Speicherbecken

men. So gesehen, sollte Sie der Weg nach **Süden** führen: Das ist der Name eines Häuserensembles, zu dem die entzückende Galerie **Lat di Tied**, die stilsichere **Nordstrander Töpferei** und die gemütliche **Teestuv** gehören. Sehenswert gleich um die Ecke ist die ungewöhnliche Kirche **St. Theresia.** Oder Sie flanieren auf der Deichpromenade in **Norderhafen** – inklusive Fischbrötchen auf die Hand oder Lamm auf den Teller im aussichtsreichen Restaurant **Zur Nordsee.** In **Fuhlehörn** wiederum können Sie nicht nur in die Nordsee hüpfen, sondern auch Kutschfahrten durchs Watt zur 7 Kilometer entfernten Hallig **Südfall** unternehmen. Ab **Holmer Siel** ist die Hallig **Nordstrandischmoor** ein schönes Ziel für eine Wattwanderung. Alle Infos dazu gibt's in der Kurverwaltung (Schulweg 4).

Am Heverstrom
Familie Wauer sorgt in ihrem Hotel am Süderhafen für eine angenehme, persönliche Atmosphäre. Die elf Zimmer sind mit viel Holz gemütlich eingerichtet, das Frühstück wird äußerst liebevoll zubereitet. Ein echter Hingucker ist der alte, mit viel Schnitzwerk verzierte hölzerne Tresen im Restaurant. Gute regionale Küche – nicht nur die tolle Scholle ist unbedingt empfehlenswert.

Di (Herbst/Winter auch Mo) geschl. | Heverweg 14 | 25845 Nordstrand | Tel. (0 48 42) 80 00 | www.am-heverstrom.de

MEHR ENTDECKEN
Beltringharder Koog
Das größte Naturschutzgebiet (33,4 km²) des schleswig-holsteinischen Festlands verbindet dieses mit dem Norden Nordstrands. Es besteht aus verschiedenen Biotopen, in denen ebenso verschiedene Tiere (vor allem Vögel) und Pflanzen leben: der Salzwasserlagune, dem Feuchtgrünland und einer Wildniszone mit dem Arlau-Speicherbecken und dem Holmer See. Sie können den Koog per Fahrrad umrunden: Die Gesamtstrecke zwischen Lüttmoordamm im Norden und Nordstrander Damm im Süden beträgt etwa 45 km.

11 | Pellworm

Perle im Wattenmeer

Anfahrt

Von Hamburg 165 km bis Nordstrand/Strucklahnungshörn | Auto ca. 2 Std., Bahn & ÖPNV ca. 3 Std. 20 Min.; ab dort Fähre 16 km | ca. 35 Min.

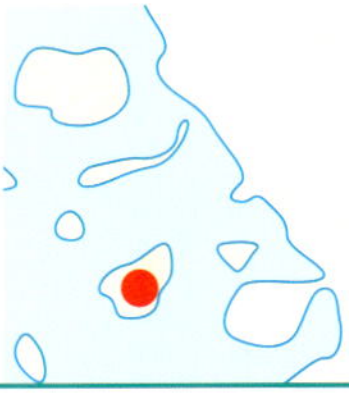

Ist das Wetter klar, sehen Sie ihn schon beim Ablegen der Fähre in der Ferne, den Pellwormer Leuchtturm, Seezeichen und Wegweiser. Dann kommen Sie Ihrem Ziel allmählich näher – Pellworm, einer Perle im Wattenmeer, von einer Schale namens Deich rundum vor den Wellen der Nordsee geschützt.

Um endgültig auf Pellworm anzukommen, müssen Sie jedoch erst mal über den 1,5 Kilometer langen Damm fahren, der den Fähranleger mit der Insel verbindet. Sie kommen ohne Auto? Kein Problem! Vom Fähranleger gibt es einen kostenlosen Bustransfer zur **Kurverwaltung** in der Uthlandestraße. Von dort bringt Sie der Bus auch wieder zur Fähre, die bis zu achtmal täglich an- und ablegt. Stellt sich noch die Frage: Wie kommen Sie ohne eigenes Auto auf der Insel von A nach B? Linienbusse fahren nur an Schultagen zu Schulbeginn und -schluss! Stattdessen gibt es den Rufbus (Tel. (0 48 44) 2 22), der seine Fahrgäste nach Anruf (45 Min. vorher!) an der gewünschten Haltestelle abholt,

Inselmuseum
Im Haus der Tourist-Information illustriert das vorbildlich gestaltete kleine Museum die Geschichte und Geologie der Insel und macht anschaulich, wie die Insulaner hier einst lebten. Toll gemachte Modelle und ... öffnen Sie mal die Schubladen!

Uthlandestr. 2 | Tammensiel | 25849 Pellworm | www.museen-sh.de

Rungholtmuseum Bahnsen
Wattführer Hellmut Bahnsen forscht im Watt nach Resten versunkener Siedlungen wie Rungholt. Führungen durch seine Sammlung nach telefonischer Absprache.

Westerschütting 2 | 25849 Pellworm | Tel. (0 48 44) 99 09 06

Himmelsgemälde: Sonnenuntergang über der Pellwormer Marsch

den Kleinbus des Inselfahrdienstes (Tel. (0 48 44) 15 15) und natürlich etliche Fahrradverleiher.

Gleich neben der Kurverwaltung und der **Touristinformation** mit dem Inselmuseum liegt das **Kurzentrum** mit dem Schwimmbad *PelleWelle* und dem rustikalen Restaurant *De Spieskommer.* Bevor Sie nun in den Inselwesten oder nach Norden fahren, um Ihr Zuhause auf Zeit zu erreichen, könnten Sie für einen ersten, kurzen Besuch dem Hinweis „Hafen" folgen. Linker Hand, am Fuß des Hafenbeckens, liegt das Siel, durch das Pellworms Marschland entwässert wird. Rechter Hand der alte Hafen: Hier machen Krabbenkutter, Arbeitsschiffe und Ausflugsdampfer fest. Der kleine Jachthafen bildet den Kopf der Mole. Auf dem nördlichen Kai liegt das Schifffahrtsmuseum mit der interessanten Dauerausstellung

Schipperhus
Stylish und unprätentiös ist dieses Lokal, genau wie die Speisekarte: Austern oder Ziegenfrischkäse vorweg, kreativ belegte Pizzas, Surf & Turf mit Lammhüfte und Krabben, herrliches hausgemachtes Sauerfleisch, Kreatives für Veggies, dazu Saisonales wie Föhrer Miesmuscheln. Neben der Terrasse mit Außengrill ist die Sonnenterrasse im 1. Stock mit Weitblick über die Insel ein echtes Highlight.

Di–So (Nebensaison Di–Sa) ab 17 Uhr | Tammensiel 26 | 25849 Pellworm | Tel. (0 48 44) 9 90 22 66 | www.schipperhus-pellworm.de

Leuchtturm
Der 1907 errichtete rote Leuchtturm mit der weißen Bauchbinde ist 41,5 m hoch – Sie können ihn im Rahmen einer Gruppenführung besteigen.

Süderkoogweg | Termine u. Tickets bei der Tourist-information in Tammensiel

Die Alte Kirche mit der Turmruine und das alte Pastorat gleich hinterm Deich

Seefahrt tut not zur Geschichte der Pellwormer Küstenschifffahrt und -fischerei.

Wer nun weiter nach Norden fährt, stößt zunächst quasi frontal auf das **Nationalpark-Haus** (Tammensiel 6), Anlaufstelle für Wattläufer und Ornithologen, und kommt dann in Pellworms „Hauptort" **Tammensiel.** Hier gibt es einen Supermarkt, ein paar Souvenirgeschäfte und Restaurants. Ja, das Leben tobt auf dieser Insel nirgendwo – für viele Urlauber ein Glück, denn Ruhe finden sie hier auch in der Hochsaison.

Die Fakten: Pellworm – auf Friesisch *Polweerm* – hat 1 150 Einwohner, ist 37,5 Quadratmeter groß und Nordseeheilbad mit etwa 2 000 Gästebetten. Es gibt hier zwar „Ortsnamen", aber keine Orte im normalen Sinn: Die vielen Bauernhöfe erheben sich stolz auf Warften mitten in den

St. Salvator/Alte Kirche
Die eigentliche Attraktion – neben dem spätgotischen Altar (ca. 1460) und der Bronzetaufe von 1475 – ist die restaurierte Arp-Schnitger-Orgel. Regelmäßig gibt's hier Orgelkonzerte!

Alte Kirche | Führungen im Sommer 14-tägig Mi 10 Uhr

Zur Alten Kirche
Die Gerichte hier sind nicht nur regional geprägt und reichhaltig, sondern auch vorzüglich: ob Scholle, Labskaus oder Lammsteaks, Sauerfleisch, Fischsuppe oder Muschelpfanne. Spezialität des Hauses ist der Graugansbraten mit Wirsing – Graugänse gibt es auf Pellworm schließlich jede Menge ...

Di geschl. (Nov.–März nur abends) | Alte Kirche 1 | 25849 Pellworm | Tel. (0 48 44) 2 75 | www.nordseelodge.de

Krögen, die meisten Häuser stehen in Reih und Glied auf oder an den Binnendeichen, die die Köge unterteilen. Überall in diesen Kögen verlaufen Gräben, die das zum Teil unter dem Meeresspiegel liegende Koogland entwässern. Durch Schöpfwerke im 8 Meter hohen Außendeich und die Schleuse („Siel") in Tammensiel wird der Wasserstand reguliert. Eine Besonderheit Pellworms sind die **Pütten** – kleine Seen, die entstanden, als man an diesen Stellen Erde für den Deichbau entnahm. Das Terrain wurde dadurch unbrauchbar für die Landwirtschaft, und man überließ es sich selbst. Heute stehen sie schilf- und riedumgürtet als Brut- und Rastgebiet vieler Vögel unter Naturschutz und haben einen großen Anteil daran, dass die Insel ein Vogelparadies ist.

Ein Badeparadies ist Pellworm nicht, aber es gibt rund um die Insel acht familienfreundliche **Badestellen** am Deich, mit Duschen und Badetreppen! Die Strandkörbe stehen hier nicht im Sand, sondern auf grünem Gras. Erreichbar sind sie alle mit dem Fahrrad: Innendeichs führen schmale Straßen – und damit Radwege – beinahe rund um die ganze Insel, sodass Sie einigermaßen windgeschützt unterwegs sein können.

Wollen Sie mal auf dem Meeresboden wandern? Dann schließen Sie sich unbedingt einer **Wattführung** an, bei der Sie eine Menge über das Watt und seine Bewohner erfahren werden. Solche ebenso spannenden wie unterhaltsamen Führungen bieten zum Beispiel Hellmut und Rita Bahnsen (▸ Seite 52 unten) an oder die Schutzstation Wattenmeer. Termine dafür wie auch für alle anderen Veranstaltungen stehen in der Urlauberzeitung *Pellworm heute.*

Wer auf Pellworm „Watt" sagt, muss auch „Rungholt" denken. Zum einen wird die sagenhafte Stadt südlich von Pellworm in der Nähe der heutigen Hallig **Südfall** vermutet. Funde belegen es – fragen Sie

Nordsee Lodge
Hotel-Highlight zu Füßen des alten Kirchturms. Annika Levsen und Ove Jensen haben 2018 ein Haus mit 22 komfortablen Zimmern auf zwei Etagen geschaffen, die meisten davon mit Balkon. Sandfarbenes Holz, maritimes Blau, schnörkelloses Design. Der Wellnessbereich ist einladend, ein Gimmick ist die Ladestation für E-Autos und E-Bikes. Speisen können Sie gleich nebenan (▸ *Zur Alten Kirche*, Seite 54).

Alte Kirche 1 | 25849 Pellworm | Tel. (0 48 44) 7 89 41 00 | www.nordseelodge.de

Imbiss Hooger Fähre / Warft Café
Das eine: ein kultiges Imbiss-Bistro direkt am Deichübergang. Treffpunkt der Pellwormer zu Bier, Wein und leckeren Speisen wie Lammbratwurst oder Grünkohl. Um die Ecke das andere: ein gemütliches Café mit Weitblick von der Terrasse, tollem selbst gebackenem Kuchen und Minigolf.

Hooger Fähre 7a | 25849 Pellworm | Tel. (0 48 44) 99 07 99 | www.pellworm.de (Bistros & Imbisse)
Hooger Fähre 3 | 25849 Pellworm | Tel. (0 48 44) 2 54 00 60 | www.warftcafe.de

Familie Bahnsen. Zum anderen hat der Dichter Detlev von Liliencron (1844–1909) – der 1882/83 als Landvogt im heutigen Haus Liliencronweg 28 residierte – eine seiner schönsten Balladen über das reiche Rungholt geschrieben: *Trutz, Blanke Hans.* Das Gedicht beginnt mit dem Vers „Heute bin ich über Rungholt gefahren. Die Stadt ging unter vor 600 Jahren." Wer weiß, was Gezeiten, Wind und Wellen noch alles wieder zum Vorschein bringen …

Noch mehr Geschichte gefällig? Bitteschön: An der Westküste der Insel ragt rotsteinig und wuchtig Pellworms eigentliches Wahrzeichen in die Höhe: die **Ruine des alten Kirchturms** aus dem 13./14. Jahrhundert, der 1611 einstürzte. Bei klarer Sicht kann man das 26 Meter hohe und immer noch imposante Bauwerk sogar von Föhr und Amrum aus erkennen. Es war nicht nur Glockenturm und Seezeichen, sondern auch Zufluchtsort, so im 15. Jahrhundert für Seeräuber. Heute leben Tauben und Turmfalken in den Mauerlöchern. Zu Füßen des Turms sind auf dem kleinen **Friedhof der Heimatlosen** 40 Unbekannte begraben, die das Meer angespült hat. Hier steht auch die **Kirche St. Salvator** mit ihrer reichen Ausstattung und einem hölzernen Glockenstapel.

Auf Pellworm fühlen sich nicht nur Vögel und Urlauber wohl, sondern seit jeher auch Bauern. Auf den fruchtbaren Böden werden vor allem Raps, Rüben und Mais angebaut, deren Ertrag die inseleigene Biogasanlage am Laufen hält. Die garantiert neben dem einstmals größten **Hybridkraftwerk** Europas (Solar- und Windpark) die Versorgung Pellworms mit Energie, und zwar pro Jahr mit dreimal mehr Strom, als auf der Insel verbraucht wird. Dies machte Pellworm zur „Modellregion für die Energiewende": Überschüssiger Strom wird in Batterien gespeichert, bei Bedarf abgerufen und auch aufs Festland exportiert.

SCHÖNES IN DER NÄHE

Hallig Süderoog

Die südlichste und kleinste der bewohnten Halligen (62 ha) ist Vogelschutzgebiet. Sie können sie im Rahmen einer geführten Wattwanderung besuchen: Nach ca. 1,5 Std. Fußmarsch durchs Watt haben Sie eine Stunde Aufenthalt bei Kaffee und Kuchen, dann geht's wieder zurück. Startpunkt ist im Südwesten Pellworms, bei der Abgangsstelle Süderoog. Dazu müssen Sie sich anmelden bei der Schutzstation Wattenmeer, Tel. (0 48 44) 7 60, oder beim Halligpostboten Knud Knudsen, Mobiltel. (01 60) 2 00 14 23.

MEHR ENTDECKEN

Kunsthandwerker & Künstler

Wie auch die anderen Nordfriesischen Inseln ist Pellworm ein beliebtes Refugium für kreative Menschen. Hier nur zwei Adressen: Die Aquarelle der „Himmelsmalerin" Emmy Jensen (Junkersmitteldeich 3) sind mindestens einen Blick wert. In der *Pellwormer Töpferei* (Liliencronweg 28) kreieren Rachel Kyle und Hermann Petersen u. a. geschmackvolle Gebrauchsartikel aus Keramik und Waldglas. Ein Flyer mit zwölf „Kunst-Adressen" liegt überall aus und immer im Juli/August finden Ausstellungen und Märkte statt.

Leuchtet auch in den Hafen der Ehe: Pellworms Leuchtturm

12 | Bredstedt

Wo Sprache bewahrt wird

Anfahrt

Von Hamburg 165 km | Auto ca. 2 Std., Bahn ca. 2 Std. 20 Min.

Das Wichtigste an Bredstedt (Friesisch: *Bräist*) ist wohl nur Sprachforschern und Historikern bekannt. Doch auch für alle anderen wäre es schade drum, hier nicht von der B 5 abzubiegen, um sich auf dem verkehrsberuhigenden Kopfsteinpflaster in die Mitte des beschaulichen Luftkurorts (5 450 Einwohner) vorzutasten.

Und was ist nun das Wichtigste an Bredstedt? Es ist das **Nordfriisk Instituut.** Es kümmert sich um den Erhalt der nordfriesischen Sprache und Kultur. Im modernen Ausstellungsgebäude **Nordfriisk Futuur** (www.nordfriiskfutuur.eu) können Sie jede Menge Interessantes über die Geschichte der Leute und das Land erfahren, in dem Sie gerade Urlaub machen.

Stellt sich die Frage, warum auch alle anderen von der Landstraße abbiegen sollten. Zum einen, weil der dreieckige **Marktplatz** so hübsch ist mit einem neugotischen **Rathaus** und seinem spitzen Türmchen. Mit einem etwas skurrilen Brunnen aus sieben übereinandergestapelten Me-

Hamburger Hallig
Fernglas mitnehmen und schwärmen! Ein Ausflug auf diese Hallig – 4 km vom Festland – ist eine Expedition in die Welt der Vögel, denn hier piept so ziemlich alles, was gefiedert und im Watt zu Hause ist.

Mai–Sep. geführte, ca. 90-minütige Rundgänge | www.wattlaufen.com

Hallig-Krog
Seit Erik Brack – bis 2015 Küchendirektor auf dem Traumschiff *MS Deutschland* – seine Kombüse auf die Hamburger Hallig verlegt hat, gibt's hier richtig gute Küche! Regional, reichhaltig und doch raffiniert, wie z. B. die „über Deichgräsern geräucherten Koteletts vom Hallig-Lamm". Bei schönem Wetter schmecken „Wattenmeersalat" und „Hallig-Schmaus" auch auf der Terrasse.

Apr.–Okt. tgl. ab 11 Uhr | 25851 Reußenköge | Tel. (0 46 71) 94 27 88 | www.hallig-krog.de

Hingucker auf dem Markt: Schweinebrunnen und ein Haus à la Hundertwasser

tallschweinen und der **Alten privilegierten Apotheke** von 1797. Zum anderen, weil das Örtchen ein ausgezeichneter Stützpunkt für Ausflüge ins sehenswerte Umland ist!

Von hier sind über den Hafen Schlüttsiel die Halligen schnell zu erreichen, hübsche Dörfer wie Bordelum oder Bohmstedt. **Bordelum** hat außer viel Ruhe ein sehr gutes Restaurant, einen Hofladen und einen Blumenhof (Pflanzen und „Gedöns", also Souvenirs & Co.) zu bieten. Das 9 Kilometer entfernte **Bohmstedt** punktet unter anderem mit *Paulsen's Landhotel & Restaurant* . Einen wunderbaren Blick über das weite Land verschafft Ihnen aus 63 Meter Höhe die Aussichtsplattform des Fernmeldeturms auf dem **Stollberg,** Mittel- und Höhepunkt des erwanderbaren Naturerlebnisraums Stollberg.

Frida's Hotel/Café Frida
Zwölf gemütliche Zimmer, fünf davon mit Balkon. Frühstück, Kuchen und belegte Brote gibt's im *Café Frida* (Di geschl.) im Erdgeschoss, das neben einem lauschigen Innenhof über eine ansehnliche Besonderheit verfügt: In der denkmalgeschützten Fliesenstube sind die Wände unter der holzgetäfelten Decke mit etwa 3 000 handbemalten Delfter und Nordfrieslandkacheln aus dem 18. und 19. Jh. „tapeziert".

Markt 13 | 25821 Bredstedt | Tel. (0 46 71) 7 18 99 59 | www.hotelcafefrida.de

Norditeran
Im nur etwa 3 km entfernten Bordelum können Sie sich einer kulinarischen Rundumversorgung erfreuen! Im Bistro (mit Wein- und Feinkostladen) gibt es neben Bistroklassikern den günstigen, täglich wechselnden Mittagstisch (auch zum Mitnehmen). Im ausgezeichneten Restaurant genießt man z. B. karamellisierten Ziegenkäse mit Gemüsesalat und danach ein Karree vom Salzwiesenlamm.

Laden und Bistro tgl., Restaurant Mi–Sa ab 18 Uhr | Dorfstr. 12 | 25852 Bordelum | Tel. (0 46 71) 9 43 67 33 | www.norditeran.com

13 | Die Halligen

Einzigartige Eilande

Anfahrt

Von Hamburg 180 km bis Schlüttsiel | Auto ca. 2 Std. 10 Min., Bahn & ÖPNV ca. 3 Std. 5 Min. Ab dort Fähre: 17 km, ca. 1 Std. (Hooge) | 15,5 km, ca. 1 Std. 30 Min. (bis Langeneß)

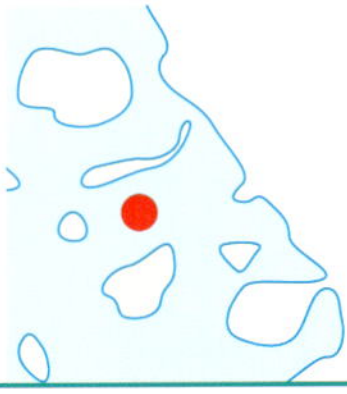

Bollwerke gegen den Blanken Hans sind sie, die elf Halligen, die wie Wellenbrecher vor der nordfriesischen Küste liegen. Hallig bedeutet „niedriges, trockenes Land", und wenn bei Sturmflut „Land unter" ist, dann werden die Warften – künstlich errichtete flache Hügel, auf denen die Gehöfte stehen – selber zu Inseln auf der Insel.

Im Herbst und im Frühjahr gehört Hochwasser in all seinen Abstufungen quasi zum Alltag, im Sommer jedoch werden die Halligen kaum einmal überflutet. Und so gibt es seit den 1970er-Jahren auf sieben Halligen auch Tourismus: Zu den etwa 250 ausgesprochen gastfreundlichen Halligbewohnern, die auf derzeit 38 Warften leben, kommen im Sommer neben Tagesgästen auch viele Urlauber. Wenn Sie also Lust haben, sich das Naturerlebnis eines Halligbesuchs mal anzutun, lassen Sie Ihr Auto an den Fährhäfen **Schlüttsiel** oder **Dagebüll** stehen. Als Tagesgast brauchen Sie keins, und ansonsten holt Ihr Vermieter Sie selbstverständlich am Schiffsanleger ab.

★ **Königspesel**
Ein Pesel ist die gute Stube eines nordfriesischen Hauses. Der von Kapitän Tade Hans Bandiks diente 1825 dem dänischen König Friedrich VI. für eine Nacht als Schlafzimmer. Ein angemessen nobles Quartier: Die mit Schnitzwerk verzierten Möbel und die mit kunstvoll bemalten Kacheln tapezierten Wände dokumentieren das.

Apr.–Okt., sonst nach Vereinbarung | Hanswarft 11 | 25859 Hooge | www.hooge.de

★ **Kapitän-Tadsen-Museum**
Das restaurierte Kapitänshaus aus dem 18. Jh. ist heute ein wunderbares Museum, das zeigt, wie die reichen Kapitäne im 18./19. Jh. wohnten.

Ketelswarf 2 | 25863 Langeneß |

Auf der Westerwarft im Nordwesten von Hallig Hooge stehen nur drei Häuser

Die Halligen **Habel, Südfall** und **Norderoog** sind winzig und werden nur von etwa Mai bis September von einem Vogelwart betreut; das erst 1999 entstandene **Norderoogsand** ist gänzlich unbewohnt. **Süderoog** (▶ Seite 56) ist die kleinste der bewohnten Halligen, auf **Nordstrandischmoor** werden auch Ferienwohnungen vermietet. Ebenso auf Gröde, Deutschlands kleinster Gemeinde mit gerade mal zehn Einwohnern auf zwei Warften (www.groede.de). Die **Hamburger Hallig** (▶ Seite 58) und Nordstrandischmoor sind über Dämme erreichbar – genau wie **Oland,** das durch einen 5 Kilometer langen, eingleisigen Schienendamm mit Dagebüll verbunden ist. Über den wird per motorisierter Lore alles Notwendige zu den 20 Halligleuten transportiert. Die leben auf einer einzigen Warft, die wie ein Wehrdorf wirkt – mit reetgedecktem

Friesenpesel
Wo die Scholle aus dem Wattenmeer quasi direkt auf den Teller flutscht: Das ist speisen in Hooges ältestem Gasthaus. Der Pesel – damals die gute Stube, heute einer der Gasträume – stammt aus dem Jahr 1746. Wesentlich frischer sind die typisch friesischen Gerichte wie Porrenpann, Pannfisch oder Mehlbüdel, die auch auf der sehr schönen, windgeschützten Terrasse serviert werden.

25. Dez.– Anf. Nov. | Backenswarft 6 | 25859 Hooge | Tel. (0 48 49) 2 50 | www.friesenpesel.de

Sturmflutkino
In beeindruckenden Kurzfilmen tost alle 20 Minuten der Sturm, toben die Wogen – der „Blanke Hans“, die stürmische Nordsee, lässt Sie erfahren, was „Land unter“ bedeutet.

Hanswarft 9 | 25859 Hooge | www.hooge.de

Kirchlein und Leuchttürmchen. Bis zu 40 Urlauber finden hier trotzdem Platz – und vor allem eines: Ruhe.

Der Schienendamm führt ab Oland weiter zur 2,5 Kilometer entfernten Hallig **Langeneß,** zu der aber fast alle Gäste per Fähre anreisen. Die größte der Halligen (9,5 Quadratkilometer) ist auch die längste und schmalste: 10 Kilometer lang und zwischen einem und 2 Kilometer breit. Die Passagiere der Ausflugsschiffe können deswegen als Transportmittel den „Hallig-Express" (einen Unimog mit Hänger) nutzen, der die ganze Hallig abklappert. Wer länger bleibt – Unterkünfte gibt es auf den 18 Warften für bis zu 300 Halligurlauber –, geht zu Fuß, fährt Rad (Achtung: Wind kommt hier fast immer aus allen möglichen Richtungen!), bestaunt die kleine Kirche und ihr wertvolles Inventar aus dem 13.–16. Jahrhundert und genießt vor allem die Natur des Wattenmeers drum herum. Rundumversorgung garantieren ein **Höker** (Kaufmann), Kioske, Cafés und Restaurants. Und: Es gibt acht mit Duschen ausgestattete **Badestellen!**

Die meistbesuchte Hallig ist **Hooge.** Auf 580 Hektar und zehn Warften leben zwar nur rund 100 Menschen – etwa ebenso viele wie auf Langeneß – aber im Hochsommer teilen sie sich ihr Eiland mit bis zu 500 Urlaubern! Dann spucken die Ausflugsschiffe zudem fast jeden Tag bis zu 1 000 Tagesgäste aus, die vom Anleger zu Fuß, mit Fahrrad oder Kutsche zur **Hanswarft** streben – Hauptanziehungspunkt der Hallig, denn hier stehen Café-Restaurants, der *MarktTreff* mit dem Halligkaufmann, das Erlebniszentrum *Mensch & Watt,* Königspesel und Sturmflutkino nah beieinander. Wer dem Trubel entfliehen will, besucht zum Beispiel auf der Kirchwarft die **Johanniskirche** – oder er urlaubt auf Hooge und wartet, bis die Tagestouristen abends wieder abdampfen und auch diese Hallig zur gemütlichen Naturoase wird.

Anker's Hörn
Ein 4-Sterne-Hotel auf einer Hallig – auch das gibt es! Im Jahr 2010 hat sich die Familie Karau dieses Wagnis zugetraut – und einen Volltreffer gelandet! Freuen Sie sich auf schnuckelige, helle Zimmer in modernem maritimem Stil, Restaurant, Sauna mit Panoramablick, Terrasse, Strandkörbe. Auch köstliche Mittagsgerichte, Salate, Kuchen und stilvolle Abendmenüs werden geboten.

12 Zi. | Mayenswarf 2 | 25863 Langeneß | Tel. (0 46 84) 291 | www.ankers-hoern.de

MEHR ENTDECKEN
Hallig-Highlights
Im Halligjahr gibt es drei besonders faszinierende Schauspiele: Beim Biike-Brennen wird am 21. Februar der Winter vertrieben, Feuer lodern übers Watt. Im April/Mai rasten um die 10 000 Ringelgänse auf den Salzwiesen der Halligen: Dann finden die Ringelganstage statt. Im Juni/Juli taucht der Halligflieder die Wiesen in ein leuchtendes Lila: bezaubernd! Touren per Schiff nicht nur zu diesen Terminen z. B. unter: *www.faehre.de | www.adler-schiffe.de | www.wattenmeerfahrten.de*

Ganz im Westen von Langeneß steht das Leuchtfeuer Nordmarsch

14 | Dagebüll

Ferienort mit Fährhafen

Anfahrt

Von Hamburg 190 km | Auto ca. 2 Std. 20 Min., Bahn ca. 3 Std. 5 Min.

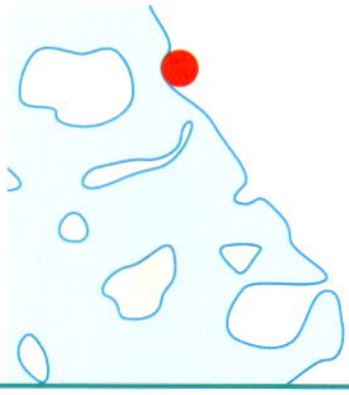

Dagebüll wurde bis vor gar nicht so langer Zeit häufig als „Parkplatz mit Fähranschluss" verspottet. Doch das ist Vergangenheit: Der Ort wollte nicht mehr nur als Fährhafen nach Föhr und Amrum wahrgenommen werden, sondern auch als Urlaubsziel, und hat sein Image in den letzten Jahren erheblich aufpoliert.

Dazu wurden zusätzlich zu den drei etwas in die Jahre gekommenen Hotels drei Feriendörfer hinter den Deich gestellt, großenteils aus bunten Holzhäusern und Bungalows. Die **Nordseestraße** wurde quasi der Boulevard Dagebülls: zwei schmucke Ladenzeilen mit der Touristeninformation, Restaurants, Cafés, einer Eismanufaktur, einer Mandelbrennerei und Geschäften mit netten Namen wie *Wohnen & Meer, Wettertüch* (Wetterzeug) oder *Tabakstuuv* (Tabakstube).

Um in dieses verlockende touristische Zentrum Dagebülls zu kommen, müssen Sie im Kreisverkehr am Ortseingang nicht den Schildern zur Mole folgen,

Hauke-Haien-Koog
Zwischen Dagebüll und Schlüttsiel liegt hinter dem Deich eines der artenreichsten Vogelschutzgebiete im Norden. Von den Rastplätzen an der Zufahrtsstraße zur Fähre lassen sich besonders im Frühjahr und Herbst fantastische Beobachtungen machen – Fernglas vorausgesetzt.

Mien Huus an de Nordsee
Schwupp ... und Sie sind am Meer! In der ersten der 2013–19 entstandenen Ferienhausanlagen gruppieren sich 27 höchst komfortable Holzbungalows und -reihenhäuser im skandinavischen Stil mit Sauna, Kaminofen etc. für bis zu sechs Personen unter dem schönen Namen *Mein Haus an der Nordsee* zu einem 5-Sterne-Feriendorf.

Nordseestr. 14 |
25899 Dagebüll |
Tel. (0 48 41) 9 04 15 61 |
www.urlaub-dagebuell.de |
www.ferien-an-der-nordsee.de

Dänemark lässt grüßen: Zwei dieser schmucken Ladenzeilen gibt es in Dagebüll

sondern in den Ort fahren: **Dagebüll-Hafen.** Denn Dagebüll (880 Einwohner) besteht aus mehreren Ortsteilen, zwischen denen Busse verkehren. Etwa 3 Kilometer landeinwärts liegt das beschauliche **Dagebüll-Kirche** mit kleinen Pensionen und der Sankt-Dionysius-Kirche, etwas weiter südlich das lang gezogene **Fahretoft,** wo hübsche Friesenhäuser hinter dem Binnendeich stehen.

Der **Strand** in Dagebüll ist grasgrün: mit Deichpromenade, bewachter Badestelle, bunten Badehäuschen, Strandkorbvermietung – und herrlichem Blick auf die Inseln und Halligen. Im Wintergarten des **Strandhotels** direkt hinter dem Deich wartet neben der gutbürgerlichen Speisekarte für alle die sich am Spiel von Wind und Wellen nicht satt sehen können auch ein toller Meerblick.

Austernfischer
In diesem modernen, familienfreundlichen Bistro mit der großen Terrasse isst man Fisch! Im Brötchen, vom Grill, in Senfsoße. Und Sylter Austern, Föhrer Muscheln, Büsumer Krabben. Doch natürlich gibt es auch was ohne Gräten oder Schale: Lamm und Rind aus der Region. Probierenswert ist übrigens der Weißwein mit dem passenden Namen: *Austernfischer.*

Tgl. ab 12 Uhr | Nordseestr. 14 | 25899 Dagebüll | Tel. (0 46 67) 9 51 32 66 | www.austernfischer-dagebuell.jimdo.com

MEHR ENTDECKEN
Föhr
Wie wäre es mit einer kleinen Seereise? Nehmen Sie einfach die Fähre nach Föhr! Die Schiffe fahren bis zu 14-mal am Tag und bringen Sie in knapp 50 Minuten nach Wyk. Dort können Sie auf dem Sandwall und durch die Fußgängerzonen promenieren oder mit Bus bzw. Fahrrad die Insel erkunden. Die Überfahrt kostet 14 Euro (hin und zurück), Fahrplan am Anleger und unter *www.faehre.de*. Passen Sie nur auf, dass Sie die letzte Fähre zurück aufs Festland nicht verpassen! (▸ Seite 85).

15 | Niebüll

Nordfrieslands Drehscheibe

Anfahrt

Von Hamburg 185 km | Auto ca. 2 Std. 20 Min., Bahn ca. 2 Std. 50 Min.

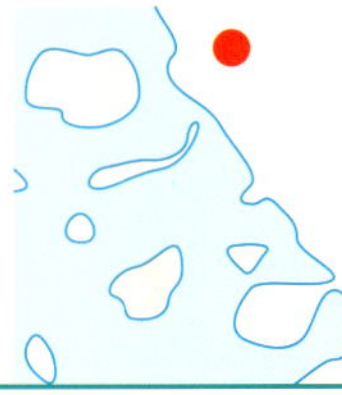

Für Sylt-Besucher ist Niebüll lediglich Verladestation: Jährlich rollen hier über 1,5 Millionen Fahrzeuge auf die Autozüge und wieder runter. Wer jedoch im Kreisverkehr am südlichen Ortseingang nicht dem Abzweiger „Sylt" folgt, sondern dem Hinweis „Niebülls Museen", der wird in diesem nordfriesischen Luftkurort einiges entdecken.

Niebüll (Friesisch: *Naibel*) ist außerdem ein hervorragender Ausgangspunkt für Touren in die deutsch-dänische Grenzregion. Schade, dass eilige Urlauber das Metropölchen des Nordwestens (10 000 Einwohner) meist links liegen lassen. Wenn Sie also doch mal hineinschauen wollen, dann können Sie im Naturkundemuseum, das zugleich **Nationalpark-Infozentrum** ist, Fauna und Flora der Region erkunden, im Haizmann-Museum norddeutsche und skandinavische Künstler kennenlernen und im **Friesischen Museum,** einem 300 Jahre alten Friesenhaus im Ortsteil Deezbüll, alles über friesische Wohnkultur von anno dunnemals erfahren.

★ **Richard-Haizmann-Museum**
Das Museum zeigt neben einer Werkschau des namensgebenden Künstlers Werke der Moderne und der Gegenwart.

Rathausplatz 2 | 25899 Niebüll | www.haizmann-museum.de

★ **Naturkundemuseum**
Ganz und gar nicht muffig, sondern eine moderne Erlebnisausstellung zu allem, was an der Küste kreucht und fleucht.

Apr.–Okt. | Hauptstr. 108 | 25899 Niebüll | www.nkm-niebuell.de

Das Naturbad Wehle entstand nach einem Deichbruch

Shopping geht in den Fußgängerstraßen rund um den **Rathausmarkt**, auf dem immer samstags Händler aus der Umgebung Grünzeug, Geflügel, Gebäck, Fisch und Fleisch unter die Leute bringen. Dem geschäftigen Markttreiben zuschauen können Sie von der einladenden Terrasse der **Kaffee-Maus** aus. Eine Etage unter diesem netten Café, im **Ratskeller**, speist man auch sehr anständig.

Davor oder danach müssen Sie eine Vorstellung im nostalgischen **Eck's Kino** (Hauptstr. 37) besuchen: technisch supermodern, sonst aber gemütlich wie in den 70ern – drei Kinos mit Tischlämpchen, Beinfreiheit, Bedienung und Bistrobar im Haus. Natürlich gibt's im Ort auch noch andere Bars und Lokale. Zur Erfrischung am nächsten Morgen kann Niebüll dann mit dem **Freibad Wehle** dienen, einem Naturbad in

Martensen – Das Schlemmerkontor
In erster Linie ein feines Feinkostgeschäft mit einem großen internationalen und nord-friesischen Sortiment. Im bei den Niebüllern höchst beliebten Bistrobereich werden – im Sommer gerne auch draußen – Getränke, Antipasti, delikate Fischbrötchen und Tortenstücke serviert.

Hauptstr. 42 |
25899 Niebüll |
www.schlemmerkontor.de

Insel-Pension
Das liebevoll geführte, familiäre Hotel wurde in den letzten Jahren mehrfach modernisiert und ist nun echt komfortabel und richtig schick! Der Clou des Hauses liegt auf dem Dach: das Penthouse mit Terrasse. Der Wellnessbereich wartet mit einer kombinierten finnischen und einer Dampfsauna auf.

17 Zimmer, 5 Suiten |
Gotteskoogstr. 4 |
25899 Niebüll |
Tel. (0 46 61) 21 45 |
www.inselpension.de

der sogenannten Wehle, einem 1593 durch einen Deichbruch entstandenen See. Mit Umkleidekabinen, Duschen, Badesteg und Kiosk.

Baden – und zwar in der Nordsee – können Sie auch im nahen **Südwesthörn!** Womit wir bei den eingangs angesprochenen Ausflügen wären. Am naheliegendsten ist natürlich ein Besuch des **Nolde-Museums** bei Neukirchen; Kultur hat aber auch der **Charlottenhof** (www.dercharlottenhof.de) im 14 Kilometer entfernten Klanxbüll zu bieten: Der über 250 Jahre alte denkmalgeschützte Vierkanthof öffnet seine Tore zu Veranstaltungen aller Art – Theater, Musik, Lesungen, Bauern- und Kunsthandwerksmärkte. Für Geschichtsinteressierte sind die 17 Kilometer zur **KZ-Gedenkstätte Ladelund** (www.kz-gedenkstaette-ladelund.de) keine Entfernung. Im Winter 1944 starben in dieser Außenstelle des Konzentrationslagers Neuengamme bei Hamburg 300 der etwa 2 000 Häftlinge.

Und weil die Grenze zu Dänemark gerade mal 13 Kilometer entfernt ist, bieten sich Touren ins hyggelige, sprich: behaglich-beschauliche Nachbarland geradezu an. Zum Beispiel ins bildhübsche **Tønder,** Dänemarks heimliche „Weihnachtshauptstadt", durch deren Gassen mit den liebevoll gepflegten Häusern zu bummeln auch im Rest des Jahres ein entspanntes Vergnügen ist. Züge verkehren bis zu elfmal am Tag, nicht mal 20 Minuten dauert die Fahrt (Personalausweis nicht vergessen!).

Weniger hyggelig, eher trubelig ist die Atmosphäre des kleinen Grenzverkehrs in **Süderlügum,** ein Handelsort seit jeher und heute Supermarktshoppingparadies für Dänen aus Südwestjütland. Gemütlich hingegen ist es im **Landhotel Tetens,** wo man Ihnen abends im original erhaltenen Ostflügel des historischen Gasthofs Feines aus der regionalen Küche serviert.

Südwesthörn

Deutschlands nördlichster Hafen ist 13 km entfernt – er besteht aus nicht viel mehr als einem Steg. Direkt daneben liegt eine Badestelle mit Strandkörben auf dem grünen Deich, Badeplattform und Fischbrötchenkiosk. Im Gasthof Südwesthörn stehen norddeutsche neben schwäbischen (!) Gerichten auf der Karte. Wer Ruhe liebt und einen weiten Blick, der kann hier auch übernachten.

Di geschl. | Südwesthörner Str. 9 | 25924 Emmelsbüll-Horsbüll | Tel. (0 46 65) 98 36 88 | www.gasthof-suedwesthoern.de

SCHÖNES IN DER NÄHE

Nolde-Museum

Wie eine Trutzburg steht das Haus und Atelier des Expressionisten Emil Nolde auf einer Warft im 15 km entfernten Seebüll. Ausgestellt sind hier viele seiner Ölbilder in den Nolde-typischen glühenden Farben, Aquarelle, Zeichnungen und Grafiken. Zu Füßen des Hauses liegt Ada und Emil Noldes Garten, zur Blütezeit ein Farbenmeer! Im Museumsgebäude findet sich neben einem Shop und einem Atelier für Malkurse auch das Café Seebüll.

März–Nov. | Seebüll 31 | 25927 Neukirchen | www.nolde-stiftung.de

Niebülls Marktplatz: Kunst vor dem Richard-Haizmann-Museum

So soll Strand! Dünen-Durchblick auf den Kniepsand

Karte von Amrum ▸Seite 83

Amrum

Das kleine Amrum ist seiner großen Schwester Sylt landschaftlich recht ähnlich, kommt aber sehr viel bescheidener daher. Amrum besitzt – wie Sylt – Dünen, und zwar nicht zu knapp: Vom Leuchtturm im Süden bis nach Norddorf reicht der Dünengürtel, landeinwärts begrenzt durch einen fast ebenso langen Kiefernwald. Und Amrum hat einen spektakulären Strand, der eigentlich eine riesige Sandbank ist. Die Inselorte hingegen sind eher unspektakulär, bis auf das hübsche Dorf Nebel.

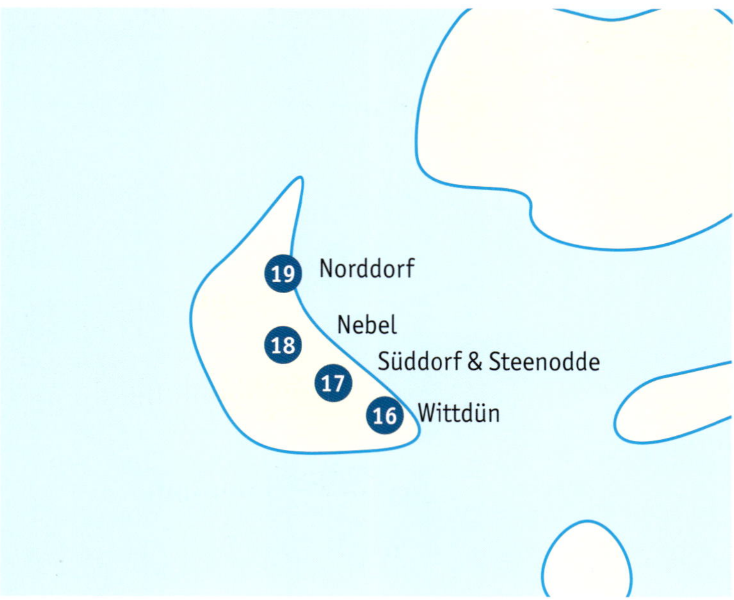

16 | Wittdün

Fährhafen & Ferienzentrum

Anfahrt

Von Hamburg 190 km bis Dagebüll-Mole | Auto ca. 2 Std. 20 Min., Bahn ca. 3 Std. 5 Min.; ab dort Fähre: 24 km | ca. 1 Std. 30 Min. (über Föhr ca. 2 Std.)

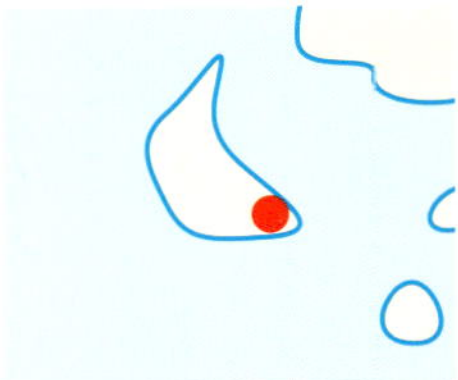

Amrum-Anreisetipp: Wer nach Amrum übersetzen und sein Auto auf dem Festland lassen will, kann es auf einem Großparkplatz mit Garage, Bistro und Shop (www.inselparkplatz.de) in Dagebüll abstellen und wird mit einem Shuttlebus zum Fähranleger vors Reedereigebäude an der Mole gebracht. Auch mit dem Zug gelangt man direkt auf die Mole.

Amrums Hauptort **Wittdün** ist auf den ersten Blick wenig ansehnlich. Die Hauptstraße (Inselstraße) und einzige Zufahrt zu den Inseldörfern ist in der Hauptsaison laut und voll. Doch wer einfach nur durchrauscht, verpasst was! Denn die Inselstraße taugt auch zum Shoppen, Schauen und Schlemmen: Hier gibt es neben netten Cafés und Bistros auch einen beliebten Bioladen, den Fisch-Imbiss *Scholle's Fisch-Buttze* (der Name ist fürchterlich, die Fischbrötchen aber fantastisch!), Souvenirshops, Klamottenläden, interessante Galerien und nicht zuletzt die hervorragende Buchhandlung der Familie Quedens (► Seite 82).

Leuchtturm

Den höchsten Leuchtturm der deutschen Nordseeküste (66 m inkl. Düne) muss man sich erklettern: 295 schweißtreibende Treppenstufen – davon 123 bis zum Fuß des Turms.

Mitte Apr.-Okt. | links der Hauptstraße Richtung Nebel

Amrumer Welle

Wohnen in der ersten Reihe: Ferienwohnungen vom Feinsten für zwei bis vier Personen in einem Apartmenthaus mit Loggia oder Dachterrasse und Traumblick übers Wattenmeer. Unter denselben Kontaktdaten können Sie auch weitere komfortable Apartments an Amrums Südspitze buchen.

Obere Wandelbahn 16a u. 16b | 25954 Wittdün | Tel. (0 46 82) 44 44 u. (0 46 81) 53 87 | www.amrum-foehr.de

Bunte Strandkörbe stehen bunt durcheinandergewürfelt an Wittdüns Strand

Wollen Sie direkt im Ort logieren, buchen Sie eine Ferienwohnung im Westen Wittdüns, dort, wo der berühmte **Kniepsand** beginnt, der fulminante Strand Amrums, der sich – 10 Quadratkilometer groß und bis zu 1,5 Kilometer breit – bis in den Inselnorden zieht. Der Kniepsand ist übrigens nichts anderes als eine große Sandbank. Er wird von einer **Dünenkette** begrenzt, die landeinwärts ein lang gestreckter **Wald** begleitet, der vom Amrumer Leuchtturm bis nach Norddorf reicht – und vor Wind und Wetter geschütztes Radeln oder Wandern halbwegs garantiert. Auf dem Weg zum Leuchtturm liegt das **Amrum-Badeland**, die Wellnessoase der Insel mit Spa, Saunen und Meerwasserwellenbad. Wollen Sie lieber im echten Meer baden oder das Windsurfen lernen, dann ist die geschützte Bucht südlich des Ortszentrums ideal!

Blaue Maus
Wer auf Amrum urlaubt, muss mindestens ein Mal in die *Blaue Maus*: weniger Kneipe als vielmehr Institution, seit über 50 Jahren. Zu trinken gibt's hier fast alles: vom alkoholfreien Longdrink bis zu den wirklich vielen Whisk(e)y-Sorten; dazu kultige Mixturen wie den *Strandhafer*. Was zu essen gibt's aber auch, und zwar bis 23 Uhr, z. B. frische Muscheln. Regelmäßig Livemusik.

Ab 18 Uhr, Do geschl. | Inselstr. 107 | 25946 Wittdün | Tel. (0 46 82) 20 40 | www.blauemaus-amrum.de

Seefohrerhus
Außen bunte Fischerhütte, innen moderner Bistro-Stil: Mit Blick auf den Seezeichen- und den Jachthafen genießen Sie hier Regionales, kreativ variiert: von der Spezialität des Hauses – *Friesenpaella* – über Pannfisch bis Seefohrer-Burger. Überdachte Terrasse; günstiges Mittagsmenü.

Am Tonnenhafen | 25954 Wittdün | Tel. (0 46 82) 14 51 | www.seefohrerhus.com

17 | Steenodde & Süddorf

Winzig, beschaulich, gemütlich

Anfahrt

Vom Hafen Wittdün 5 km | Auto/Bus 8 Min., Fahrrad (3 km) 10 Min. (bis Steenodde)

Vom Hafen Wittdün 4 km | Auto/Bus 7 Min., Fahrrad (4,4 km) 15 Min. (bis Süddorf)

Zwei kleine Dörfer mit langer Tradition: Steenodde mit gerade mal 70 Bewohnern und Süddorf mit immerhin 300 gehören zur Gemeinde Nebel, beide Dörfer sind aber viel älter als das größere Nebel.

Die drei Dörfer verbindet der Krümwal, ein 1,8 Kilometer langer, bis zu 2 Meter hoher Grenzwall aus der Wikingerzeit, den man heute noch abgehen kann.

Von Wittdün aus kommen Sie auf einem knapp einstündigen Spaziergang am Wattenmeer entlang – vorbei am Amrumer **Yacht- und Seezeichenhafen** – nach **Steenodde.** Das Dorf war schon in vorgeschichtlicher Zeit eine Siedlung, darauf weisen entsprechende Funde, die man am Ortsrand betrachten kann (ausgeschildert) hin. Zwischen dem 11. und 19. Jahrhundert diente sein winziger Hafen Muschel- und

Mole
Im Sommer Eventmeile, im Winter menschenleer. Ganzjährige Attraktion ist das *Steuerhaus No.1:* frischeste Krabben direkt vom Kutter *Butjadingen*.

Di–Sa 10–12.30 Uhr | www.fischvomkutter.de

Likedeeler
Ins letzte Haus des Dorfs kommen die Gäste abends auch mal nur auf ein Bier. Dennoch steht im gemütlich-rustikalen Restaurant am Watt das Speisen an erster Stelle. Die Spezialitäten hier tragen neugierig machende Namen wie „Meeresbrühe" (Fischsuppe) oder Spaghetti „Hubsand" (mit Muschelfleisch, Fischwürfeln und Knobi), der Lammfleischsalat ist ebenso vorzüglich wie die gebackene Makrele.

Di geschl. | Stianoodswai 29 | 25946 Steenodde | Tel. (0 46 82) 7 77 | www.likedeeler-amrum.de

So ruhig ist es am Anleger von Steenodde nur in der Nebensaison

Austernfischern als Stützpunkt, heute kauft man hier Krabben, Schollen und handgeschöpftes, an Bord getrocknetes Meersalz direkt vom **Fischkutter.** Außerdem gibt es zwei inselweit beliebte Restaurants und immerhin ein Hotel.

Landeinwärts liegt zu beiden Seiten der Inselstraße **Süddorf,** Standort der Amrumer Dörfergemeinschaftsschule, der Öömrang Skuul. Friesen- und reetgedeckte Ferienhäuser verteilen sich bekömmlich – viele davon vermutlich eingerichtet mit Wohnaccessoires aus dem kleinen Dekoladen **2te Heimat.** Auf dem Weg zum Süddorfer Strandübergang liegt das im Sommer täglich geöffnete **Strandhäuschen,** das die Dörfler und ihre Gäste rustikal und sehr anständig verpflegt. Ansonsten ist es hier vor allem eins: herrlich ruhig.

hal mei
Mal was anderes: Das Restaurant und Café im Hotel *Kapitän Tadsen* hat sich „Tapas“ auf die kulinarische Fahne geschrieben. Da gibt es klassische: Trockenfrüchte im Speckmantel oder gebratene Chorizo mit Minikartoffeln; friesische: Matjestatar mit Apfeldip oder Birnen, Bohnen & Speck; vegetarische wie eine Ziegenfrischkäsetarte; vegane und sogar süße!

Mi–Sa 17.30–20.30 Uhr | Stianoodswai 17 | 25946 Steenodde | Tel. (0 46 82) 9 42 40 | www.hal-mei.de

Inselhotel Kapitän Tadsen
Das sehr ruhige Haus liegt dicht am Wattenmeer, die acht großen, hellen Zimmer haben teilweise Meerblick. Zum Hotel gehören auch fünf Ferienwohnungen mit eigenen Terrassen und es gibt einen Wellnessbereich mit Fitness, Sauna und Schwimmbad. Das hauseigene Restaurant-Café mit Terrasse komplettiert das Rundum-Wohlfühl-Paket.

Stianoodswai 17 | 25946 Steenodde | Tel. (0 46 82) 9 42 40 | www.amrum-inselhotel.de

18 | Nebel

Amrums Bilderbuchdorf

Anfahrt

Vom Hafen Wittdün 5,5 km |
Auto/Bus 8 Min., Fahrrad (5,3 km) 17 Min.

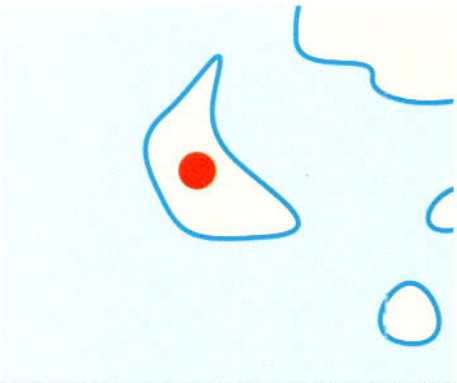

Alte Friesenhäuser mit blumenbunten Gärten, kleine Läden mit Tischchen davor, mittendrin die hübsche Kirche St. Clemens – Postkartenmotive, wohin man schaut. Nebels historischer Dorfkern, dessen älteste Häuser vom Anfang des 16. Jahrhunderts stammen, ist ziemlich gut erhalten.

Wie anno dunnemals verbinden hier und da noch schmale Sandwege die größeren Straßen miteinander, führen an mit Kartoffelrosen bestandenen Friesenwällen vorbei, deren rosa und weiße Blüten im Sommer wunderbar duften. Viele der alten Häuser sind nicht im auf den Inseln vorherrschenden Weiß gestrichen, sondern in einem dunklen Rostrot, das man „Ochsenblut" nennt – einst typisch für Nordfriesland. Nachteil von Nebels Charme: An schönen Sommertagen herrscht in dem verwinkelten Dorf meist ein heilloses Gewirr aus Pkws, Fahrrädern, Kinderwagen und Touristengrüppchen.

Nebel heißt übrigens nicht deswegen so, weil es sich hier öfter mal

★ **Windmühle**
Der immer noch funktionsfähige, reetgedeckte Erdholländer von 1770/71 ist ein kleines Geschichtsmuseum und Raum für wechselnde Ausstellungen regionaler Künstler.

Apr.-Okt. | 25946 Nebel | www.amrumer-windmuehle.com

★ **Öömrang Hüs**
Amrums Friesenmuseum im Kapitänshaus aus dem 17. Jh. mit schöner weißblau gekachelter Wand in der Wohnstube.

Waaswai 1 | 25946 Nebel | www.oeoemrang-hues.de

Blumenbunte Gärten wie dieser schmücken viele der Friesenhäuser in Nebel

eintrübt – nein, der Name ist friesischen Ursprungs und setzt sich aus *nei* für „neu“ und *bel* für „Siedlung“ zusammen. Von der Historie Amrums erzählen Bilder und Texttafeln im Erdgeschoss der hübschen **Windmühle** mit ihrer ungewöhnlichen, grasgrünen Haube, die Sie als Erstes sehen, wenn Sie aus Wittdün kommen. Auf der anderen Straßenseite liegt ein berührender kleiner **Friedhof** mit 32 Gräbern – unbekannte, dem Meer zum Opfer Gefallene.

Unbedingt besuchenswert im Ort selbst ist das Friesenmuseum **Öömrang Hüs**, das das Leben der Inselfriesen im 17. und 18. Jahrhundert dokumentiert. Hinterher werden Sie zum Beispiel wissen, was ein Eldag, ein Bilegger oder eine Dörnsk ist – und können damit zu Hause angeben. Und dann ist da natürlich noch die selten

St. Clemens
Der elegante Turm von 1908 ist etwa 700 Jahre jünger als das reetgedeckte Kirchenschiff, Apostelfries und Kruzifix stammen aus dem 14. bzw. 15. Jahrhundert.

Führungen Apr.–Okt. Di 17 Uhr | 25946 Nebel | www.amrum-kirche.de

Seekiste
Dieses Restaurant in einem alten Friesenhaus hat wirklich etwas von einer Seemannskiste, und zwar einer höchst gemütlichen! Spezialitäten wie die Fischsuppe, Jakobsmuscheln und Garnelen auf Algensalat, das Sauerfleisch oder „Schnitzel Friesland“ tragen das Ihre dazu bei. Apropos gemütlich: Voll ist es hier immer, Sie sollten zeitig reservieren. Wintergarten und Gartenterrasse.

Ab 14 Uhr, Mo geschl. | Smääljaat 2 | 25946 Nebel | Tel. (0 46 82) 6 40 | www.seekiste-amrum.de

schöne, für Nordfriesland ganz ungewöhnliche Kirche **St. Clemens:** schlank und rank der Turm, weiß getüncht wie das mit Reet gedeckte Kirchenschiff. Eines der hier meist samstagsabends stattfindenden Konzerte sollten Sie sich nicht entgehen lassen! Ein weiteres Highlight liegt vor der Kirche: der **Friedhof.** Ja, noch einer. Dieser ist jedoch auch ein Geschichtsbuch: Viele der 169 Grabsteine, -platten und -fliesen, wobei die ältesten aus dem 17. Jahrhundert stammen, erzählen das Leben von Amrumer Seefahrern und Kapitänen, in Stein gemeißelte Insel- und Familiengeschichten. Die denkmalgeschützten **Grabsteine** sind allesamt jeweils mit einem QR-Code versehen, sodass man die Vita jedes einzelnen Gestorbenen vor Ort nachlesen kann.

Dem Hier und Jetzt zugewandt ist das **Haus des Gastes,** das in einem kleinen Park am Rand der Marschwiesen liegt. Hier erfahren Sie alles über die Events im Ort und können sich zum Zeitunglesen niederlassen. Auch zum gemütlichen Shoppen und ausgiebigen Schlemmen ist Nebel hervorragend geeignet: 08/15-Souvenirshops gibt es glücklicherweise nicht, dafür Keramikläden, Töpfereien, Boutiquen und stilvolle Dekoshops wie das schnuckelige *Dörnsk an Köögem,* „Stube und Küche" auf Amrumer Friesisch, dem Öömrang. Authentische nordfriesische Küche gibt es in der *Seekiste* (▸ Seite 77), Fischgerichte vom Feinsten im *Preester's Hüs* (Waasterstigh 17), Friesentorte & Co. im *Friesen-Café* (Uasterstigh 7).

Zum **Strand** auf dem Kniepsand sind es vom Ortskern gut 1,5 Kilometer über einen schönen Weg durch den Ortsteil **Westerheide,** Wald und Dünen. Am Strandübergang sorgt das Restaurant *Strandpirat* für die gastronomische Versorgung. Abends schließlich trifft man sich auf ein oder zwei Gläschen Wein im *Blaufeuer* (Waasterstigh 25) oder im *Klar Kimming* (Strunwai 20).

Torhaus

Im Torhaus zur hübschen kleinen Ferienwohnungsanlage *Friesenhof Kapitän Bendixen* ist dieses Restaurant im Bistrostil untergebracht. Ein Auszug aus der appetitanregenden Karte: Kartoffelsuppe, Labskaus, Lammhüftsteak, Büffelburger, Kabeljaufilet. Im Sommer wird auch auf der herrlichen Terrasse serviert! Und im *Torhäuschen* gibt's von 11.30 bis 16.30 Uhr Fischbrötchen, Aperol und andere Appetitmacher.

Do geschl. | Uasterstigh 33 | 25946 Nebel | Tel. (0 46 82) 7 91 99 80 | www.torhaus-amrum.com

Waashüs

Das durchrenovierte und erweiterte Friesenhaus aus dem Jahr 1813 beherbergt sieben ebenso schnuckelige wie moderne Ferienwohnungen für zwei bis sechs Personen. Alle mit eigenem Eingang und in formidabler Lage – nämlich am Ende eines Sandwegs, der zum Wattenmeer führt. Wunderschön auch der große Garten mit Blick über die Wiesen und das Meer auf Föhr.

Waaswai 5 | 25946 Nebel | Tel. (0 46 82) 26 45 | www.amrum-waashues.de

Die Wattseite von Nebel mit St. Clemens und rechts dem Haus des Gastes

19 | Norddorf

Heilbad & Surfspot

Anfahrt

Vom Hafen Wittdün 9 km | Auto/Bus 13 Min., Fahrrad (8,4 km) 25 Min.

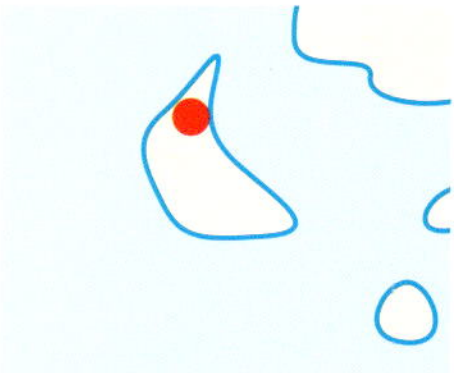

Wie Wittdün ist auch Amrums nördlichste Gemeinde ein anerkanntes Heilbad mit vielen der Attraktionen, die man als Badegast in so einem Ort erwarten darf. Dabei war das Dorf bis Ende des 19. Jahrhunderts klein und arm – im östlichen Ortsteil findet man noch einige Friesenhäuser, die daran erinnern, auch wenn sie längst aufwendig restauriert sind.

Norddorfs touristische Entwicklung begann 1890 mit dem Bau der Bodelschwinghschen Hospize und des Seepensionats Hüttmann, deren Bauweise – u. a. mit Hart- statt Reetdach – seitdem das Ortsbild prägt. In der Ortsmitte hat das hübsche **Hotel Hüttmann** den Charme des klassischen Seebads bewahrt, und die Architektur des an alter Stelle neu errichteten Seeheimgebäudes mit Kino und Läden knüpft auf schönste Weise an diesen Bäderstil an. An der Ostseite der sogenannten Hüttmann-Wiese steht das Gebäude der **Touristinformation,** an ihrer Westseite führt die von moderneren Häusern gesäumte Fußgängerzone

★ **Naturzentrum**
Aquarien und Dioramen informieren in dieser Ausstellung über das Leben im Wattenmeer.

Strunwai 31 | 25946 Norddorf | www.naturzentrum-amrum.de

★ **Pottwal**
In einem Becken des ehemaligen Hallenbades können Sie das 13 m lange präparierte Skelett eines jungen Pottwals umkreisen und unter ihm hindurchgehen.

Strunwai 31 | 25946 Norddorf

Erste Stehversuche: Amrum ist ein ideales Revier, um Windsurfen zu lernen

Strunwai in Richtung Strand: Alles zusammen wirkt nicht willkürlich hingesetzt wie in Wittdün, sondern durchaus harmonisch. Vielleicht auch deswegen ist Norddorf der Ort mit den meisten Hotels und Pensionen auf Amrum.

Vom Beginn des Strunwai bis zum Strand sind es 15 Minuten Fußmarsch, vorbei an Naturzentrum, Läden, Cafés und Kurkliniken. Und dann endlich der **Strand,** Norddorfs sandiges Highlight und Amrums Surfspot: Neben (Wind-) Surfen, Stand-up-Paddeln und Segeln werden hier Strandaction und Badespaß aller Art geboten. Kulinarischer Hotspot mit fantastischer Aussicht aufs Meer ist das von März bis Oktober geöffnete Restaurant *Strand 33.*

Apropos Restaurant: Wie in Nebel ist auch das gastronomische Angebot Norddorfs nicht zu ver-

Seeblick
(Küchen-)Chef Gunnar Hesse ist Mitglied im Verein *Feinheimisch*, der regionale Produkte fördert, und serviert u. a. nordfriesische Wildaustern, Nordsee-Seezunge, Susländer Schweinerücken oder Dithmarscher Gans, aber auch viel Vegetarisches. Zum modernen Hotel (42 Zimmer, 6 Suiten) gehören die Wein- und Cocktailbar *Wohnzimmer* sowie ein Spa mit Schwimmbad und Sauna.

Tgl. | Strunwai 13 | 25946 Norddorf | Tel. (0 46 82) 21 99 | www.seeblicker.de

Oomes Hüs
Beispiele aus der Speisekarte gefällig? Bitte: mit Schafskäse überbackene Gemüsepfanne plus Rosmarinkartoffeln; Knurrhahnfilet mit Algen und Tomaten; Lammrücken mit Blumenkohlpüree und Süßkartoffelpommes. Appetitanregend auch das Ambiente, in dem Svenja und Oliver Johannsen sich um ihre Gäste kümmern: drinnen viel Weiß und helles Holz, draußen viel Grün im hübschen Garten.

Ab 17 Uhr, Mo geschl. | Dünemwai 4 | 25946 Norddorf | Tel. (0 46 82) 92 10 | www.oomes-hues.de

achten. Slowfood-Küche gibt es im *De Struunlukker* (Strunwai 31), auf Deutsch „Der Strandgucker" – nomen est omen! Im *Ual Öömrang Wiartshüs* (Bräätlun 4), dem „Alten Amrumer Wirtshaus", wird genauso regionaltypisch gekocht und im *Café Schult* (Ual Saarepswai 9) müssen Sie unbedingt den Schokokuchen probieren!

Das Shoppingangebot ist überschaubar, einen Besuch wert sind die Inselgoldschmiede *C. Rickmers* und die Buchhandlung *Quedens*: Hier finden Sie die wohl größte Auswahl an Literatur über Amrum, Föhr und die Halligen, dazu Kalender, Bildbände und mehr.

Und abends? Man könnte ins Kino *Lichtblick* gehen mit modernster Technik und einem netten Bistro. Wer nach einem langen Strand- oder Wandertag aber nur klönen und entspannen will, setzt sich in die *Entenschnack-Bar* im *Hotel Hüttmann* oder ins *Wohnzimmer* im *Hotel Seeblick* (▸ Seite 81).

Am nächsten Tag dann vielleicht eine Partie **Spiel- oder Minigolf?** Das geht auf der herrlich zwischen Wald und Dünen gelegenen Anlage am südlichen Ortsausgang, danach dann ein Imbiss im Bistro *Große Fahrt* um die Ecke (sehr empfehlenswert) und zum guten Schluss ein Ausflug zur **Amrum-Odde** in Norddorfs Norden. Diese sandige Landzunge ist ein Naturschutzgebiet, das während der Brutzeit gesperrt ist und dann nur an der Wasserkante umrundet werden kann – das Sie aber auch bei einer Führung des Vogelwarts (März–Okt. Di–So 10 Uhr) kennenlernen können. Treffpunkt ist das Vogelwarthaus auf Norddorfs Wattseite; hier starten auch die 8 Kilometer langen **Wattwanderungen** nach Dunsum auf Föhr. Die Odde wird übrigens ganz langsam größer: Teile des Sands, der bei Stürmen der Südspitze Sylts, der Hörnumer Odde, verloren geht, werden von der Strömung an Amrums Nordspitze angelagert.

Mein Inselhotel
Hinter der unscheinbaren Fassade verbirgt sich ein schnuckeliges 15-Zimmer-Hotel. Liebevoll, hell, und modern-maritim hat Kerstin Jöns ihr Haus eingerichtet. Wer möchte, wird von Gunnar Jöns mit einem fantasievoll komponierten Dreigängemenü bewirtet – und ab und an wird auf der Terrasse gegrillt. Eine finnische und eine Bio-Sauna gibt's auch, ebenso wie ein kostenloses Leihrad. Ausgezeichnetes Frühstück!

Madelwai 4 | 25946 Norddorf | Tel. (0 46 82) 9 45 00 | www.mein-inselhotel.de

MEHR ENTDECKEN
Vogelkoje Meeram
Bis 1937 wurden hier, westlich der Straße nach Nebel, Enten gefangen. Wie das funktionierte, zeigen das Kojenwärterhäuschen und die beiden restaurierten „Pfeifen" der Entenkoje. Ein Bohlenweg führt rund um die Koje – durch Dünen, vorbei an Teichen, Bruchwald und Heide – mit Beobachtungspunkten und Infotafeln zu Flora und Fauna. Im nahen Dünental sind ein Steinzeitgrab und Reste eines eisenzeitlichen Dorfs aus dem 1. Jh. zu besichtigen, ebenso wie der Nachbau eines Hauses aus derselben Epoche.

N
1000 m
Amrum-
Odde
Föhr
Naturzentrum
Norddorf
Lunstruat
Amrum
Sanghughwai
Nebel
St. Clemens
Öömrang Hüs
Windmühle
Süddorf
Stianoodswai
Mole
Steenodde
Waastersigh
Inselstraße
Wittdün auf
Amrum
Sylt
Föhr, Dagebüll
Hooge, Langeneß
Nord-
see
Sylt
Helgoland

Amrum immer im Blick: am Strand auf Föhr bei Nieblum

Karte von Föhr ▸ Seite 91

Föhr

Von der „Grünen Insel im Wattenmeer" bis zur „Friesischen Karibik" – die Tourismuswerber haben sich reichlich abgearbeitet an Slogans für die Föhr-Vermarktung. Vergeblich. Kein Werbe-Claim wird dem Charme dieser wunderschönen Insel gerecht. Den muss man selbst erleben: den fantastischen Blick vom Strand auf die Halligen, die schnuckeligen Dörfer, die schier endlosen Fahrradwege, die beiden hervorragenden Museen, die vielen kleinen Läden im lauschigen Inselmetropölchen Wyk.

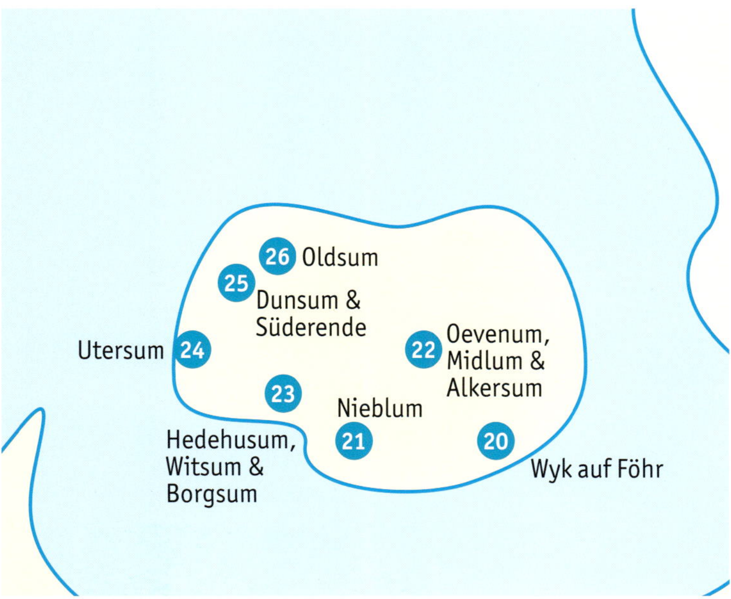

20 | Wyk auf Föhr

Beschauliche Inselhauptstadt

Anfahrt

Von Hamburg 190 km bis Dagebüll-Mole |
Auto ca. 2 Std. 20 Min., Bahn ca. 3 Std. 5 Min.;
ab dort Fähre: 10 km | ca. 50 Min.

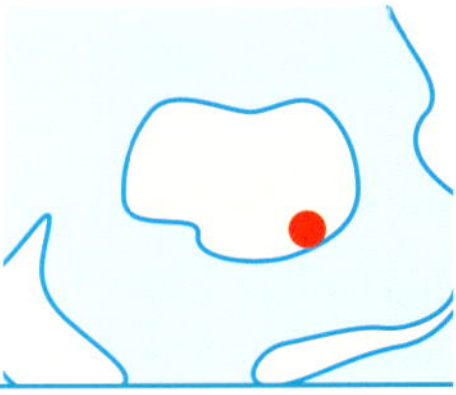

„Wie Träume liegen die Inseln im Nebel auf dem Meer", lautet eine Zeile aus Theodor Storms bekanntem Gedicht *Am Meeresstrand*. Als hätte er frühmorgens auf dem Sandwall in Wyk gestanden und hinüber zu den Halligen geschaut.

Und auch heute noch werden viele Urlauber angesichts dieses Blicks poetisch. Tatsächlich hat der berühmte Dichter 1829 in Wyk die Ferien verbracht, allerdings war er da erst zwölf … Doch es ist wirklich so: Bei Nebel oder diesigem Wetter scheinen die Warften der sechs Kilometer entfernten Hallig Langeneß auf dem Wasser zu schweben. Wenn andererseits bei Flut und Stillwasser das Wattenmeer wie eine glatt polierte Scheibe daliegt, in der sich die Warften spiegeln, dann erscheint die Hallig zum Greifen nah.

St. Nicolai
Die ältesten Teile von Wyks eindrucksvoller Kirche stammen aus dem Jahr 1240. Auf dem Friedhof erzählen viele der Grabsteine die Lebensgeschichten der Toten.

St.-Nicolai-Str. 10 | 25938 Wyk auf Föhr | www.inselkirche.de

Friesenmuseum
Föhrer Geschichte pur: Seefahrt, Walfang, Salzgewinnung. Im Rosengarten steht Föhrs ältestes Haus (1617).

Rebbelstieg 34 | 25938 Wyk auf Föhr | www.friesen-museum.de

Am Wyker Südstrand steht Föhrs knuffiger Leuchtturm: das Leuchtfeuer Olhörn

Um den fantastischen Blick auf die Halligen **Oland, Langeneß** – und vom Wyker Südstrand sogar hinüber nach **Amrum** – genießen zu können, müssen Sie aber erst mal hinkommen. Wollen Sie Ihr Auto auf dem Festland lassen, empfiehlt sich der Inselparkplatz in Dagebüll (▸ Seite 72). Bevor dann die Fähre ins Wyker Hafenbecken eindreht, fallen zunächst ein paar unansehnliche 1970er-Jahre-Kästen ins Auge, die hinter dem Strand aufragen: Hotels, Apartmenthäuser und Kurkliniken. Doch keine Panik, das sind die einzigen echten Bausünden in Wyk! Und im Ort selbst wirken sie nicht halb so hässlich wie von See aus.

Wyk, seit 1950 Nordseeheilbad, ist eine sympathische kleine Stadt, die auch in der sommerlichen Hochsaison eine gewisse Beschaulichkeit ausstrahlt, obwohl sich dann die 4 220 Einwohner ihr Städtchen

Alt Wyk
Ein Stern strahlt über dem besten Restaurant der Insel Föhr. In gediegenem Ambiente werden hervorragende, kreative Gerichte aus Produkten der Saison serviert. Das Dreierlei von der Gänseleber ist ebenso ein Gedicht wie die Fischsuppe „Alt Wyk". Als Hauptgang wären dann z. B. das Karree vom Salzwiesenlamm oder das Filet vom Loup de mer zu empfehlen. Gute Weinkarte (vorwiegend deutsche Gewächse), tolle Desserts.

Große Str. 4 | 25938 Wyk auf Föhr | Tel. (0 46 81) 32 12 | www.alt-wyk.de

Park an der Mühle
Früher mal Tennisplätze, heute ein kleiner botanischer Park mit Ruhebänken, einem Teich und Wasserspielen.

Ecke Feld-/Mühlenstraße | 25938 Wyk auf Föhr

Die Cafés am Sandwall stellen bis zum Spätherbst Tisch, Korb und Stuhl raus

mit etwa 20 000 Urlaubern teilen müssen. Wenige Häuser sind älter als hundert Jahre – den Charme des Orts machen die vielen hübschen Villen mit ihren Veranden aus, die gepflegten Gärten und der reiche Baumbestand. So liegt gegenüber der **Windmühle** *Venti Amica* in der Mühlenstraße ein blühendes und plätscherndes Kleinod – der **Park an der Mühle.** 200 Meter nördlich, im Wäldchen Ecke Feld-/Badestraße, stoßen Sie sogar auf ein kleines **Freigehege** für verletzt aufgefundene Wasservögel. Auch einige der 20 bis 30 Föhrer Störche brüten hier. Sie haben ihren Zugtrieb verloren und leben ganzjährig auf der Insel.

1611 wird Wyk erstmals urkundlich erwähnt als „bey de Wiecke" – in der Bucht. 2019 feierte das Seebad sein 200-jähriges Bestehen: Es wurde 1819 eröffnet – als erstes in Schleswig-Holstein –

Inselhotel Arfsten
1,5 km von Wyk entfernt und daher besonders ruhig verbringen Sie Ihren Urlaub in diesem familiären, sehr schön gelegenen Hotel am Rand der Wrixumer Marsch. Das Anwesen bietet große Zimmer, vorwiegend in Weiß-Blau, die meisten mit einer Küchenzeile und einem schönen Garten. Leihfahrräder sind im Zimmerpreis enthalten.

19 Zimmer und Suiten |
Ohl Dörp 64 |
25938 Wrixum (Föhr) |
Tel. (0 46 81) 23 31 |
www.arfsten.de

Carl-Häberlin-Straße
Zusammen mit dem unteren Ende der Mühlenstraße Wyks hübscheste Gasse: kopfsteingepflastert, bescheidene Kapitänshäuschen mit Rosenstöcken vor den Türen, dazu eine alte Wasserpumpe.

was den Wykern mehr Urlauber einbrachte und ihre „gute Stube“, die Kurpromenade Sandwall. 1857 und 1869 wurde Wyk von zwei verheerenden Bränden großenteils zerstört. Im historischen Ortskern blieb – neben ein paar Häusern in den angrenzenden Sträßchen – nur die **Carl-Häberlin-Straße** verschont. Die entzückende Gasse steht unter Denkmalschutz. Sie mündet auf einen kleinen Platz am Ende der Mittelstraße. Hier steht in einem Rosenbeet die vom Föhrer Bildhauer Markus Thiessen geschaffene **Stadtsäule** und zeigt rundherum die Geschichte Wyks. Ein Stück weiter oben, an der Ecke zur Großen Straße, ragt das Wyker Wahrzeichen empor, der **Glockenturm.** Seine Glocke warnt die Bürger bei Sturmflut und Feuer.

Die Große Straße, die Mittel- und die Süderstraße zweigen rechtwinklig von der Flaniermeile **Sandwall** ab. Die drei Straßen und ihre Nebenstraßen mit zahlreichen Läden und Restaurants sind wie der Sandwall für Autos und Radfahrer tabu. Vor den Geschäften und Cafés ist ein großes Stück des Sandwalls als schmaler Park mit Kastanien und Eschen angelegt, von dem aus Sie den eingangs erwähnten herrlichen Blick aufs Meer, die Halligwarften, den Strand und die beiden alten Anlegebrücken **Seglerbrücke** und **Mittelbrücke** haben. Die Betreiber der Cafés und Bistros haben Tische, Stühle und Strandkörbe aufgestellt, sodass Sie hier problemlos einen ganzen Sommertag verträumen können. Der **Gezeitenbrunnen** stellt den Verlauf der Tide im nordfriesischen Wattenmeer im Zeitraffer dar, der hübsche alte **Musikpavillon** ist Bühne für Tonkünstler aller Art und ein ins Meer ragendes Holzdeck an der Mittelbrücke viel genutzter Treffpunkt.

Spazieren Sie vom Sandwall auf der Promenade zum Südstrand, kommen Sie zu Föhrs Meerwasserwellenbad, Thalasso- und Wellnessoase **Aquaföhr** mit dem Bistro

Klein Helgoland
Vorm Deich sitzen, gemütlich drinnen, im Wintergarten oder auf der Terrasse. Mit Blick aufs Meer und den Jachthafen köstlichen selbst gebackenen Kuchen und gehaltvolle Tortenstücke verspeisen oder sich am reichhaltigen Brunch erfreuen. Die Bistroküche ist regional geprägt, die wechselnde Tageskarte überrascht immer wieder. Viele Kaffee- und Teesorten sind im Angebot, dazu gute Weine.

Achtern Diek 14 |
25938 Wyk auf Föhr |
Tel. (0 46 81) 7 47 16 73 |
www.cafe-klein-helgoland.de

Osteria Michele
Wer einmal den Weg ins Souterrain des 8-Zimmer-Hotels *Gregory* zu Familie Beatrice gefunden hat, kommt wieder. Genau wie Micheles Restaurant ist auch die Karte relativ klein – die Qualität aber riesig! Die Pasta ist zum Teil handgemacht, das Kalbsmedaillon saftig, der Fisch natürlich fangfrisch. Im Sommer stehen auch Tische auf der kleinen Terrasse. Und weil alles recht klein ist: reservieren!

Georg-Reimers-Weg 1 |
25938 Wyk auf Föhr |
Tel. (0 46 81) 31 33 |
www.hotelgregory.de

Aquamarin. Setzen Sie sich auf die Terrasse, nehmen Sie einen Drink und genießen den Blick! Im weiteren Verlauf folgt dann der bescheidene, aber kräftig blinkende Wyker Leuchtturm **Olhörn,** ein Stück weiter können Sie einen Blick auf Föhrs neues Highlight, das Wellness-Resort **Upstalsboom** werfen und in dessen Promenadenbistro **Sydbar** auf einen Snack mit Meerblick einkehren. Noch legerer geht es direkt am Strand in **Pitschi's Surfhütte,** in **Schapers Bistro** und im **Lipsi Beachclub** zu: Auf Ihrem Spaziergang bis zum Ende der Promenade haben Sie die Qual der Wahl!

Übrigens: Wyks feinsandiger, langer **Strand** reicht vom Hafen bis nach Nieblum. Es gibt einen FKK-Abschnitt, zwei Nichtraucherzonen, einen Drachen- und einen Hundestrand. Dazu sind zwei Sport- und Spielzonen ausgewiesen.

Zurück zum **Hafen:** Hier ist immer Betrieb, vor allem aber in der Hauptsaison, wenn die vier Fähren und der Katamaran *Adler Rüm Hart* täglich bis zu 40-mal an- und ablegen. Auf dem Hafengelände steht auch das Gebäude der **Wyker Dampfschiffs-Reederei (W.D.R.).** Dort können Sie sich Fahrkarten für die Fähre, für Schiffsausflüge und Inselrundfahrten besorgen. Im **Alten Hafen** neben den Fähranlegern liegen außer Traditionsseglern und anderen Schiffen die Föhrer Muschelkutter, an der **Alten Mole** machen die Ausflugsdampfer fest und in der Marina davor liegen Jachten vor Anker. Achten Sie am Fuß des Kais mal auf den eichenen Flutmarkenpfahl!

Ein Ortsteil von Wyk ist das westlich gelegene **Boldixum.** Hier steht Wyks Kirche St. Nicolai, ein mächtiger Ziegelsteinbau. Übergangslos folgt das nächste Friesendörfchen: **Wrixum.** Die Mühle hier wird derzeit aufwendig restauriert und bald soll in ihr wieder Korn gemahlen werden – zumal der in Wrixum ansässige Bäcker Hansen seine Backstube hierher verlegen wird.

MEHR ENTDECKEN

Alte Druckerei – Die Weinstube

Einzigartig auf den Inseln: der regelmäßige abendliche „Kultursalon" mit Musik, Kabarett, Theater und Lesungen (Termine im Veranstaltungskalender und auf der Website). Tagsüber gibt es neben einer großen Weinauswahl auch Kaffee und Gebäck, Flammkuchen und Käseteller. Im lauschigen Innenhofgarten vor der Tür stehen vier Tische.

Mittelstr. 17 (Hinrichsengang) | 25938 Wyk auf Föhr | Tel. (0 46 81) 74 86 00 | www.dasweinkontor.com

SCHÖNES IN DER NÄHE

Entenkoje Boldixum

Wie erlegte man früher Wildenten, ohne sie mit Schrot vollzupumpen? Die einzige der sechs Föhrer Vogelkojen, die im Rahmen von Besichtigungen zugänglich ist, macht es anschaulich. Sie liegt 3 km nördlich von Wyk hinterm Deich. In drei Kojen werden noch regelmäßig ein paar Stockenten gefangen, aber in erster Linie sind sie – wie die anderen Anlagen auch – Naturdenkmal und Schutzgebiet für alles, was da kreucht und fleucht.

Apr.–Okt. Mo–Fr 10–12 Uhr | 25938 Wyk-Boldixum

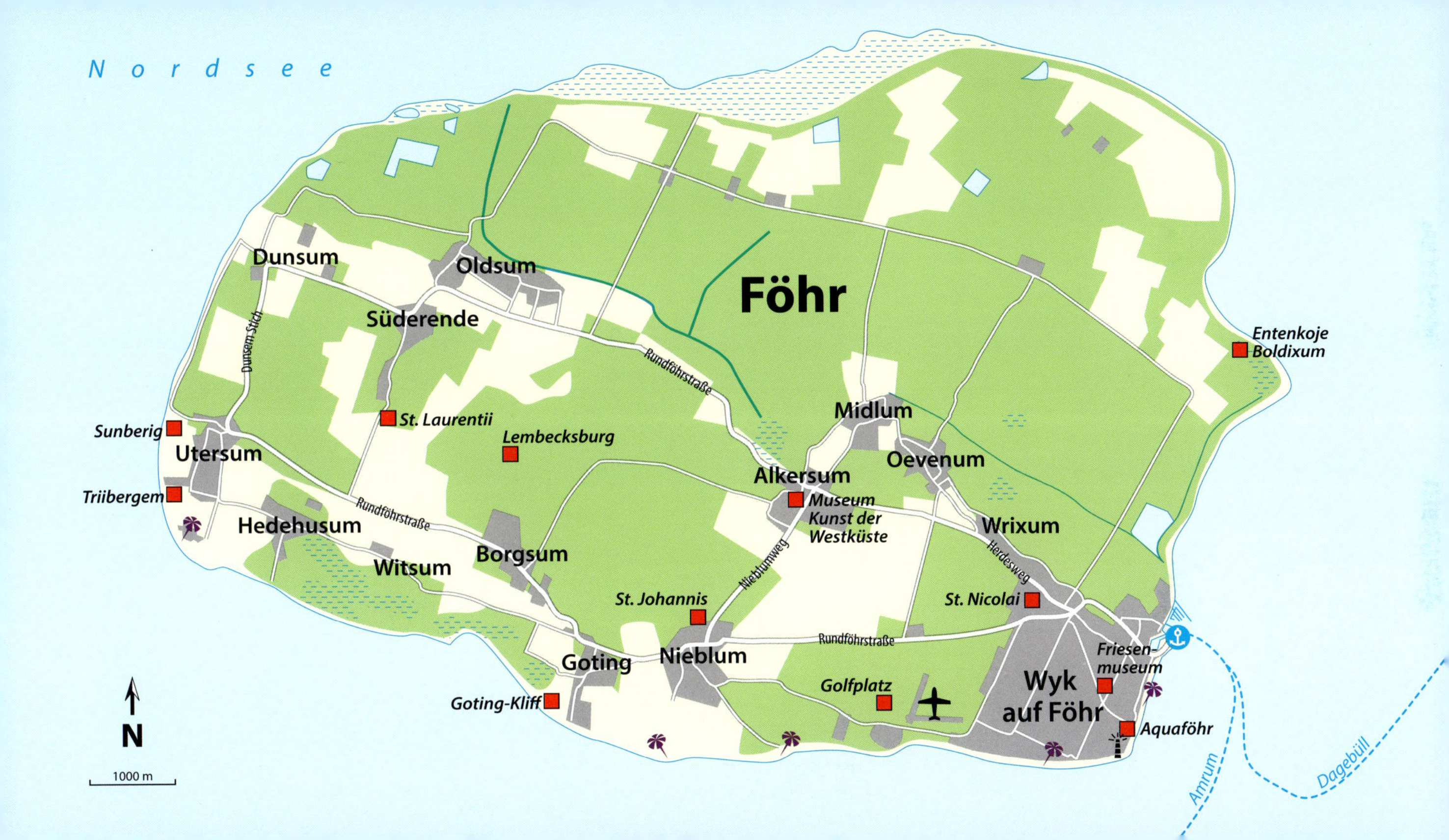
Nordsee
Föhr
Dunsum
Oldsum
Süderende
Dunsum Stich
Rundföhrstraße
St. Laurentii
Sunberig
Utersum
Lembecksburg
Triibergem
Hedehusum
Rundföhrstraße
Witsum
Borgsum
Midlum
Oevenum
Alkersum
Museum Kunst der Westküste
Wrixum
Herdesweg
Nieblumweg
St. Johannis
St. Nicolai
Entenkoje Boldixum
Goting
Nieblum
Rundföhrstraße
Goting-Kliff
Golfplatz
Friesen-museum
Wyk auf Föhr
Aquaföhr
Amrum
Dagebüll
N
1000 m

21 | Nieblum

Föhrs Vorzeigedorf

Anfahrt

Vom Hafen Wyk 6 km | Auto/Bus 8 Min., Fahrrad (6 km) 20 Min.

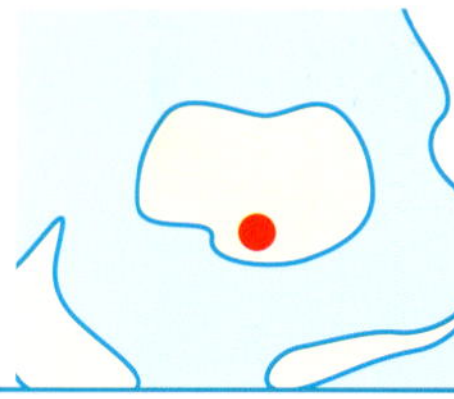

Ein Besuch hier gehört zum Föhrer Pflichtprogramm: Mehr als 60 alte, größtenteils hervorragend restaurierte Reetdachhäuser, von hohen Bäumen gesäumte Gassen, kleine Geschäfte, gemütliche Cafés und Restaurants, ein großer Dorfteich und eine mächtige Kirche – all das macht Nieblum zu einem so charmanten Dorf.

Die ältesten Friesenhäuser, einige mehr als 300 Jahre alt, finden Sie im historischen Dorfkern, in der Nähe des „Friesendoms" **St. Johannis.** Der ist umgeben von einem **Friedhof,** auf dem über 280 „sprechende" Grabsteine und -platten, vorwiegend aus dem 17. und 18. Jahrhundert, die Lebensgeschichten von Föhrer Inselfriesen erzählen. Drinnen finden im Sommer und in der Adventszeit wunderbare **Konzerte** statt: Besonders die Orgel- oder Chorkonzerte sind ein Genuss!

Die Straßen und Sträßchen im schnuckeligen Ortszentrum sind kopfsteingepflastert, ebenso wie die Hauptstraße, die **Jens-Jacob-Eschel-Straße,** die den Ort durchschnei-

★ **St. Johannis**
Der „Friesendom" mit seinen über 1 000 Sitzplätzen und dem 32 m hohen Turm wurde zum allergrößten Teil im frühen 13. Jh. aus Backstein errichtet.
Wohldsweg 3 | 25938 Nieblum |

★ **Goting-Kliff**
Im Ortsteil Goting liegt Föhrs einziges Kliff. Seine ca. 1 700 m lange, ehemals 10 m hohe Abbruchkante ist heute fast ganz unter Sandvorspülungen verschwunden. Toller Blick rüber nach Amrum!

Reetdach, Sprossenfenster, Rosenstöcke: ein typisches Friesenhaus

det. Die ist zwar eine wunderschöne, schattige Lindenallee, aber wenn in der Saison Auto nach Auto durchs Dorf rumpelt, dann hält sich die Lust zum Spazierengehen oder zum Eisessen auf einer der Caféterrassen manchmal doch in Grenzen. Ansonsten verleihen die vielen, teilweise sehr alten Bäume Nieblum eine lauschige Atmosphäre, um deren Erhalt man sich sehr sorgte, als die Holländische Ulmenkrankheit von 1980 bis 1990 über 100 alte Ulmen vernichtete. Im **Dörpshus** neben der Kurverwaltung informiert eine Schautafel über diesen gefürchteten Pilz, der in den 1990er-Jahren auch die Ulmen am Wyker Sandwall zerstörte. Zum Glück wurde rechtzeitig neu gepflanzt, und so hat die Schönheit Nieblums (und Wyks) kaum gelitten. Wem der Dorfkern zu trubelig wird, der macht einen kleinen Spaziergang um **De Meere,**

Golfplatz
Der 27-Loch-Platz ist für viele der schönste in Deutschlands Norden.

Grevelingstieg 6 | 25938 Nieblum | Tel. (0 46 81) 58 04 55 | www.golfclubfoehr.de

Saimons
Ganze Fische frisch vom Kutter müssen Sie hier essen. Großartig! In dem durchgestylten Restaurant von Lisa Wyrwinski und Simon „Saimon" Wendlandt steht aber auch Fleisch auf der ständig wechselnden, mit Kreide geschriebenen Karte, die die komplette Stirnseite des Lokals einnimmt. Entdecken Sie da das Wort „Schwarzfederhuhn"? Unbedingt ordern! Und: rechtzeitig reservieren!

Jens-Jacob-Eschel-Str. 26 | 25938 Nieblum | Tel. (0 46 81) 9 64 34 84 | www.saimons.de

den großen Teich im Süden des Orts – da schnattern nur die vielen Enten. Hat's im Winter gefroren, wird der flache Teich zur Eislaufarena für die Kinder der ganzen Insel.

Von den Läden und Cafés an der Jens-Jacob-Eschel-Straße seien an dieser Stelle nur zwei genannt: Im **Café Kohstall** wird einmal die Woche ein ganzes Spanferkel bzw. ein Salzwiesenlamm gegrillt – köstlich! Schräg gegenüber gibt es Tee, Liköre und Schnickschnack in einem uralten Friesenhaus, dem **Alten friesischen Theehaus.** Ein Stück weiter hatte übrigens Theo Albrecht, Milliardär und Aldi-Gründer, ein Feriendomizil. Um die Ecke, nämlich im Sträßchen De Gröne Eck, können Sie bei **Käpt'n Nolte** Fisch kaufen, frisch oder geräuchert, und nebenan bei **Kopp** Fleisch, Wurst und Schinken von Lamm und Gallowayrind.

Um nun eventuell draufgeschaffte Pfunde schwimmend wieder abzutrainieren, brauchen Sie vom Ortskern etwa eine Viertelstunde: Dann sind Sie am über 5 Kilometer langen **Strand** von Nieblum. Am Ende des Badebereichs liegt die **Nieblumer Wassersport-Schule:** Windsurfen, Kiten, Kitebuggyfahren und Katamaransegeln. Aber Achtung: Am Strandübergang wartet das kultige **Bistro Waterkant** auf durstige und hungrige Badegäste!

Südlich des Dorfs wird der Föhrer Wein produziert: Umgeben von einem Park und Weinfeldern steht die etwas überdimensioniert wirkende Gutsvilla des **Weinguts Waalem** in allerbester Lage – alles gut eingezäunt und nur von außen, bei einer Führung oder vom Strand aus zu betrachten. Weiter westlich liegt Nieblums Ortsteil **Goting:** einst ein selbstständiges Dorf, eines der ältesten der Insel. Ein paar alte Bauernhöfe gibt es bis heute und auf dem Goting-Kliff das **Kliff-Café** mit einem schönen Minigolfplatz.

Altes Landhaus
In diesem historischen, etwa 300 Jahre alten Friesenhaus wird seit 1954 gekocht, gebraten und gegrillt. Der Familienbetrieb gehört zu Nieblum wie der Dom und der Dorfteich. Auf die Teller kommt Traditionelles wie Scholle und Lamm, aber auch Steaks und leichte, moderne Salatkompositionen, dazu viele vegetarische Gerichte. Sehr gut und sehr günstig ist „Das kleine Mittagessen" von 12 bis 14 Uhr.

Bi de Süd 22 | 25938 Nieblum | Tel. (0 46 81) 25 72 | www.landhaus-nieblum.de

Haus Agge
Mitten im alten Ortskern liegt diese Frühstückspension in einem Friesenhaus von 1761. Gemütlich: sechs komfortable Zimmer im modernen Anbau. Bequem: Tee-/Kaffeeküche für alle Gäste. Entspannend: herrlicher, großer Rosengarten mit Strandkörben. Schmackhaft: das Frühstück mit Blick in den Garten.

Wohldsweg 1 | 25938 Nieblum | Tel. (0 46 81) 22 29 | www.haus-agge.de

Kitesurfer auf Kollisionskurs mit Möwe vor Nieblums Küste

22 | Oevenum, Midlum & Alkersum

Dorfidylle in der Inselmitte

Anfahrt

Vom Hafen Wyk 4 km | Auto/Bus 7 Min., Fahrrad (4 km) 12 Min. (Oevenum)

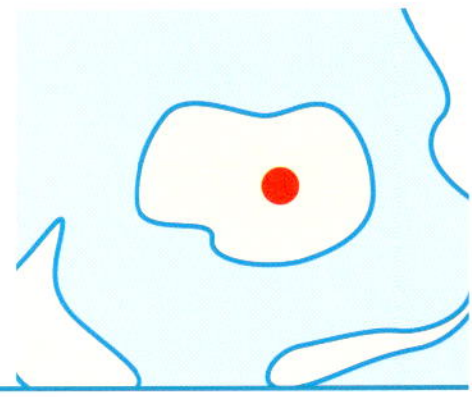

Ein Dorf kleiner als das andere – und alle drei müssen Sie auf jeden Fall zu Fuß erkunden. Wer hier nur durchfährt oder -radelt, verpasst einiges: nicht nur die vielen inseltypischen Friesenhäuser mit ihren Blumengärten, sondern auch die abseits der Hauptstraße liegenden Lädchen mit Föhrer Spezialitäten.

Oevenums historischer Ortskern liegt zwischen Hauptstraße und Marsch, ist hervorragend erhalten und bildhübsch. Jeden Donnerstagvormittag findet rund um die Dorfeiche ein inselweit beliebter **Wochenmarkt** statt, dann ist es voll im Dorf und Kundige flüchten – zum Beispiel in den Mini-Dorfpark gegenüber vom Dörpskrog. Ansonsten aber ist es wohltuend ruhig zwischen den schmucken Reetdachhäusern mit Rosenstöcken vor der Haustür, viele Gärten von niedrigen, oft bepflanzten Feldsteinmauern umgürtet, den sogenannten Friesenwällen.

Das Shoppingangebot ist ebenso überschaubar wie empfehlenswert: Es gibt eine gute Bäckerei, den

Museum Kunst der Westküste
Thema der über 900 Werke umfassenden einzigartigen Sammlung ist das Meer und die Menschen, die an, von und mit ihm leben.

Hauptstr. 1 | 25938 Alkersum | Tel. (0 46 81) 74 74 00 | www.mkdw.de

Krögers Dörpskrog
Den Dorfkrug gibt es schon seit 1713. Heute kommen in dem schönen alten Friesenhaus selbst gemachtes Sauerfleisch mit herrlichen Bratkartoffeln, Grünkohl, Bratfisch & Co. sowie die wohl besten Muscheln der Insel auf die Tische in der friesischen Gaststube. Unterm Reetdach befinden sich auch zehn einfach-moderne, aber gemütliche Gästezimmer mit viel Holz.

Dörpstrat 24 | 25938 Oevenum | Tel. (0 46 81) 21 03 | www.doerpskrog-oevenum.de

Zum Dorfmarkt in Oevenum kommen Urlauber und Einheimische aus ganz Föhr

Oevenumer Hofladen (Produkte von Schaf und Lamm, Souvenirs), die leider etwas teure Bonbonmanufaktur *Föhrer Snupkroom* und nördlich des Dorfs, in der Marsch, den *Ziegenhof Matzen* (Hof 7) mit seinem spezialitätenbestückten Hofladen. Und sogar **(Cross-)Golf** geht hier: Auf dem 18-Loch-Platz von *Partee-People Oeventown* hinter der Buurnstrat kann jedermann ganz unkonventionell abschlagen und einlochen.

Auch in **Midlum** steht eine Reihe schöner alter Reetdachhäuser; nach Norden zur Marsch hin liegen die meisten Ferienwohnungen. Folgen Sie vom Ortsrand den Wegen in die Marsch hinein, kommen sie kurz vor dem Inseldeich zu einer renaturierten Teichlandschaft – ein Hotspot für „Ornis"! Einer dieser Wege heißt passenderweise „An der Marsch". Hier finden Sie das Schäferlädchen mit einem entsprechen-

Grethjens Gasthof
Das Restaurant im *Museum Kunst der Westküste* offeriert Kuchen, Torten, kleine Speisen, sehr gute Flammkuchen und Saisonales drinnen und auf der Terrasse des Museumsgartens. Außerdem stehen immer auch ein bis zwei Gerichte auf der „Künstlerkarte", die thematischen Bezug nehmen auf die jeweils aktuellen Ausstellungen.

Hauptstr. 1 |
25938 Alkersum |
Tel. (0 46 81) 7 47 40 45 |
www.grethjens-gasthof.de

Rackmers Hof
Schmuckes, sehr komfortables Hotel: Ein grundrenovierter Friesenhof und zwei neuere Reetdachhäuser gruppieren sich um einen obstbaumbestandenen Garten. Elf Suiten über zwei Ebenen mit Küchenzeile, Espressomaschine und Terrasse. Außerdem vier schöne Suiten in einem Neubau gegenüber. Kleiner Wellnessbereich und die Kapitänsstube als Raum für das sehr gute Frühstück vom Buffet.

Buurnstrat 1 |
25938 Oevenum |
Tel. (0 46 81) 74 63 77 |
www.rackmers.de

den Sortiment. An der Hauptstraße, die das Dorf durchschneidet, liegen zwei Gaststätten, eine davon ist der *Midlumer Krog*: ein typisches Dorfgasthaus mit inselweit geschätzter bodenständig-deftiger Küche und 13 gemütlichen Gästezimmern. Im Haus schräg gegenüber lebte und arbeitete der 2009 verstorbene Föhrer Maler und Geschichtenerzähler Axel Gerhard alias DAX, dessen ausdrucksstarke, farbkräftige Landschaftsgemälde immer noch überall auf der Insel präsent sind.

Im kleinen **Alkersum** ist auf den ersten Blick nicht viel los: Es gibt zwei Läden, einen Bäcker und den Hofladen von Familie Hartmann an der Hauptstraße – „Föhrer Inselkäse“ von Kuh, Schaf und Ziege, dazu alle möglichen regionalen und hausgemachten Spezialitäten. Auf dem großen **Reiterhof** von Familie Christiansen können Sie reiten lernen, auch Ausritte in der Marsch oder im Watt werden angeboten. Aber was heißt schon „auf den ersten Blick“! Liegt doch mitten im Dorf das **Museum Kunst der Westküste (MKdW)** (▸ Seite 96), ein kultureller Leuchtturm Schleswig-Holsteins und weit darüber hinaus: In stetem Wechsel ausgestellt sind hier zwischen 1830 und 1930 entstandene Gemälde deutscher, dänischer, norwegischer und holländischer Künstler zum Thema „Meer und Küste“, darunter auch Werke von Max Liebermann, Emil Nolde, Edvard Munch und natürlich der berühmten Maler der Skagener Künstlerkolonie. Dazu gibt es stets gleichzeitig mehrere Ausstellungen zeitgenössischer Künstler, Videoinstallationen und spannende Projekte. Anfang März sowie im Juni und September ist Ausstellungswechsel. Zum auch architektonisch interessanten, preisgekrönten Gebäudekomplex gehören der geschützt liegende Museumsgarten und *Grethjens Gasthof*, der auch als Veranstaltungsraum genutzt wird.

Macke Pudel & Oldsens
Stylishes Café & Deli im alten Ortskern. Kleine Karte (z. B. Salat mit Ziegenkäse, Roastbeef mit Kartoffelsalat), Kuchen. Das Café ist gleichzeitig Rezeption für 15 hochwertige, moderne Ferienwohnungen für 2 bis 4 Personen in drei Häusern am Rand der Marsch. Frühstücksbuffet im Café! Saunabereich und Liegewiese mit Teich und Grillhütte gehören ebenfalls dazu.

Buurnstrat 24–28 | 25938 Oevenum | Tel. (0 46 81) 5 02 96 15 | www.mackepudel.de | Tel. (0 46 81) 5 02 96 10 | www.oldsens.de

SCHÖNES IN DER NÄHE
Elmeere-Sichtstelle
Der Verein Elmeere ist benannt nach der Seenlandschaft, die einst im Westen Föhrs lag. Sein Ziel: Kauf und Renaturierung von Grünlandflächen. Bislang wurden über 140 ha Fläche aufgekauft, sodass sogar so seltene Vögel wie Rohrdommel und Löffler zurückkehren konnten. In der Midlumer Marsch wurde eine Sichtstelle mit Teichen und Tümpeln angelegt, wo man mit dem Fernglas wunderbar Watvögel, Gänse und Enten beobachten kann.

Andelhof (Hof 18) | 25938 Midlum | www.elmeere.de

Ölgemälde im Stil des Pointillismus im Museum Kunst der Westküste

23 | Hedehusum, Witsum & Borgsum

An der Traumstraße

Anfahrt

Vom Hafen Wyk 9,5 km | Auto/Bus 15 Min. (nicht durch Nieblum!), Fahrrad (8,5 km) 30 Min. (bis Borgsum)

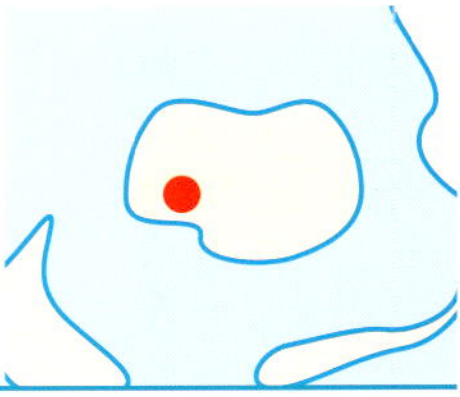

Die einzige wirklich (leicht) hügelige Straße auf Föhr führt auf einer Länge von etwa 5 Kilometern von Goting über Witsum und Hedehusum bis kurz vor Utersum. Ihr Name „Traumstraße" kommt nicht von ungefähr: Auf fast der gesamten Strecke sind die Aussichten aufs Wattenmeer großartig!

Hedehusum und Witsum sind neben Dunsum die kleinsten Föhrer Dörfer, ohne echten Ortskern, die Häuser liegen verstreut. **Hedehusum** ist eigentlich ein Ortsteil von Utersum und markiert das westliche Ende der Traumstraße, dort, wo es in Richtung Norden nach Utersum und nach Süden zum Reha-Zentrum geht. Fahren Sie aber geradeaus, kommen Sie – ganz nah am Strand – zur vorgeschichtlichen Grabstätte **Triibergem**, was Friesisch ist und „bei den drei Hügeln" bedeutet. **Witsum** hat außer dem italienischen Restaurant *La Gondola* (Traumstraße 10) mit Meerblick eine idyllische Besonderheit zu bieten: Hier mündet die Godel ins Meer. Sie ist Föhrs einziges Flüss-

Lembecksburg
Von der Burg aus dem 9.–11. Jh. ist nur der grasbewachsene Ringwall – 95 m im Durchmesser und bis zu 10 m hoch – übrig geblieben, von dem man eine tolle Rundumsicht hat.

Rechts der Straße Borgsum-Süderende

Triibergem
1899 wurden die drei bronzezeitlichen Grabhügel – 27 bis 30 m im Durchmesser, 5 bis 6 m hoch – geöffnet: Man fand unter anderem eine mit Asche gefüllte Urne und als Grabbeigabe eine Dolchklinge aus Bronze, die neben anderen Fundstücken im Wyker Friesenmuseum (► Seite 86) zu bestaunen ist.

An der Kreuzung Utersum/Reha-Zentrum geradeaus (ausgeschildert)

Die Windmühle in Borgsum, ein Galerieholländer, ist eine von vieren auf Föhr

chen und nur knapp einen Kilometer lang.

Wesentlich mehr los als in diesen beiden Minidörfern ist im nördlich auf dem Geestrücken gelegenen **Borgsum:** Hier können Sie sich die schmucke, erst 1991 erbaute Windmühle anschauen – leider aber nur von außen. Nicht nur schauen, sondern auch kaufen können Sie im Hofladen von Familie Nielsen (Taarepswoi 5), und zwar Föhrer Produkte wie den inselweit beliebten Eierlikör. Und spielen geht auch! Auf der sehr schön gestalteten **Adventure-Golf-Anlage** nördlich der Rundföhrstraße können Sie auf 18 Bahnen einlochen. Und dann ist da noch die **Lembecksburg** (▸ Seite 100): Klettern Sie auf ihren Wall und stellen sich vor, dass unter Ihnen vor über 1 000 Jahren eine Wikingergarnison lag mit 40 bis 50 um einen Brunnen gruppierten Häusern.

Letj Lembeck's

Genau gegenüber der Borgsumer Mühle liegt diese kleine Gaststätte, die so was wie ein Geheimtipp für Freunde unprätentiöser, deftiger Küche ist. Ganz besonders empfehlenswert: die Steaks! Auch im Angebot: Kuchen und (von 14 bis 17.30 Uhr) frische Waffeln, die Sie am besten im kleinen Garten genießen sollten. Übrigens: *Letj* ist Friesisch und bedeutet „klein" – das glatte Gegenteil der hier servierten Portionen.

Malnstich 5 | 25938 Borgsum | Tel. (0 46 83) 3 69 | www.lembecks.de

MEHR ENTDECKEN

Godelniederung

Und noch ein Geheimtipp: ein Abstecher von Witsum in Richtung Wattenmeer, der sich durchaus lohnen kann. Ein Sandweg führt von der Traumstraße zu diesem Mini-Naturschutzgebiet, wo sich zum Beispiel Austernfischer gut beobachten lassen, sofern man ein Fernglas dabeihat und die Wegsperrungen zum Schutz der Vögel beachtet. Die Godel besitzt eine natürliche Gezeitenmündung, in der sich Salz- und Süßwasser mischen, was das Areal zu einem wertvollen Biotop macht.

In Witsum Richtung Strand (ausgeschildert)

24 | Utersum

Der schönste Strand

Anfahrt

Vom Hafen Wyk 13 km | Auto/Bus 20 Min. (nicht durch Nieblum!), Fahrrad (13 km) 45 Min.

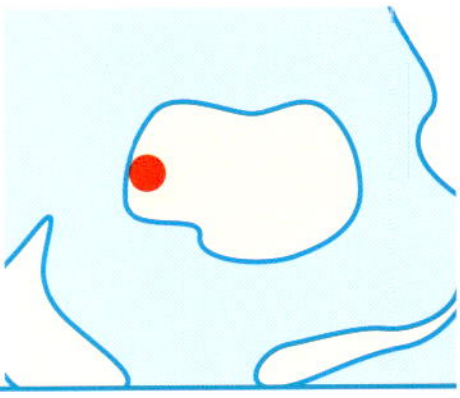

Die Attraktion des anerkannten Nordseebades ist der breite Sandstrand. Von den typischen alten Föhrer Friesenhäusern gibt es hier vergleichsweise wenige. Stattdessen prägen relativ neue Häuser das Bild, sodass der Ort weniger gemütlich wirkt als die anderen Inseldörfer.

Nach Utersum kommen nicht nur Urlauber, sondern auch Genesende, die sich im großen Reha-Zentrum zwischen dem Dorf und Hedehusum ganz gesund pflegen lassen – nicht der schlechteste Ort dafür! Die meisten Gäste allerdings wollen an Föhrs Westküste an den **Strand.** Der liegt etwas außerhalb des Dorfkerns und punktet mit einer herrlichen Aussicht: Selbst bei diesigem Wetter sieht man zwei Leuchttürme gleichzeitig – den von Amrum und den von Hörnum auf Sylt. Sie wissen nicht, wo welche Insel liegt? Dann wenden Sie die „Lars-Regel" an: **l**inks **A**mrum, **r**echts **S**ylt.

Für die, die nicht nur schauen und schwimmen wollen, sind auch Windsurfen, Kitesurfen und

Sunberig
Das steinzeitliche Megalithgrab (*Sunberig* ist Friesisch für "Sandberg") nah am Strand wurde ursprünglich von drei großen, flachen Steinen abgedeckt. Die Funde aus diesem Grab – das auch in der Bronzezeit noch genutzt wurde! – können Sie im Friesenmuseum in Wyk betrachten.

Von der Tourist-Information auf dem Deich Richtung Norden (ausgeschildert)

Strand
Föhrs mit bunten Strandkörben besetzter Weststrand ist auch Surfspot und besitzt ein aussichtsreiches Strandrestaurant *(www.treibholz-foehr.de)*. Wellness gibt's im *Haus des Gastes*.

Perfekt, um Windsurfen und Stand-up-Paddeln zu lernen: Utersums Strand

Stand-up-Paddeln im wassersportlichen Angebot. Treffpunkt aller Badegäste ist das **Haus des Gastes:** Hier sorgt das *Kleine Kurmittelhaus* für Wellness bei Regenwetter, die Tourist-Information ist für alle Orte im Inselwesten zuständig, und das Restaurant *Treibholz* ist genau richtig fürs Chillen auf seiner windgeschützten Meeresblickterrasse. Sie finden, dieser Strand ist spitze? Das hat sicher auch Hans Rosenthal („Dalli Dalli") gedacht, der hier ein Ferienhaus besaß: Links vorm Strandaufgang steht ein Gedenkstein für Utersums ersten Ehrenbürger.

Im Dorf selbst ist man bestens versorgt: Es gibt fünf Restaurants, einen Supermarkt, einen Bäcker und an der Straße nach Süderende den *Biohof Wögens* (Hoofstich 1): Milch, Joghurt und Eier direkt vom Erzeuger!

Ual Skinne
Eine Utersumer Institution. Im gemütlichen Gastraum oder auf der großen Terrasse können Sie hausgemachten Kuchen – und in der Hauptsaison auch leckere Bistrogerichte – genießen. Abends dann komponiert der Patron Luc Maréchal saisongeprägte, oft mediterran inspirierte Fleisch- und Fischgerichte. Auch die Weinkarte ist südeuropäisch geprägt.

Boowen Taarep 11 | 25938 Utersum | Tel. (0 46 83) 13 98 | www.ual-skinne.de

Waastwinj
18 stylische Zimmer besitzt das 2018 neu- und umgebaute Hotel *Westwind* – gehalten in Sandbeige, Kieselgrau und hellem Meerblau. Zum Haus gehören eine kleine Schäferwagensauna und das Restaurant *Hennigs*, das sich modern interpretierter Regionalküche verschrieben hat.

Jaardenhuug 2 | 25938 Utersum | Tel. (0 46 83) 96 33 30 | www.waastwinj.de

25 | Dunsum & Süderende

Wattwanderer & Kirchgänger

Anfahrt

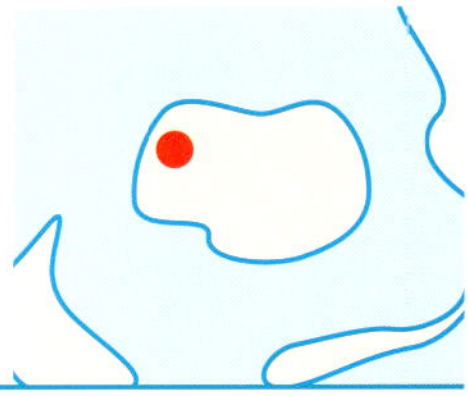

Vom Hafen Wyk 12 km | Auto/Bus 15 Min., Fahrrad (12 km) 40 Min. (bis Dunsum)

Vom Hafen Wyk 10,5 km | Auto/Bus 13 Min., Fahrrad (10,5 km) 35 Min. (bis Süderende)

Wer hierher, ganz in den Westen Föhrs kommt, will entweder eine Wattwanderung unternehmen oder der Kirche St. Laurentii und ihrem Friedhof einen Besuch abstatten. Und wer hier ein Ferienquartier bezieht, findet Ruhe, unternimmt Fahrradtouren und Spaziergänge auf dem Deich.

Dunsum, das aus den Ortsteilen Groß- und Klein-Dunsum besteht, macht nicht viel her, wäre da nicht der Deichparkplatz in **Groß-Dunsum:** Hier trifft man sich zu Wanderungen durchs Watt und hier startet die beliebte, 2- bis 2,5-stündige Wattwanderung zur Nordspitze von Amrum (8 Kilometer). Zurück kommt man mit der Fähre Wittdün–Wyk. Wichtig: Unternehmen Sie niemals eine Wattwanderung ohne Führer! Die Termine für Führungen sind vor Ort ausgehängt, aber auch bei den Tourist-Informationen zu erfahren. Landeinwärts kommen Sie zum **Erlebnisbauernhof** von Familie Hinrichsen, wo Sie sich auf dem Fußballgolf- oder dem Swingolf-Platz mal so richtig austoben können.

★ **St. Laurentii**
Der romanische Granitbau wurde Anfang des 13. Jhs. erweitert. Besonders sehenswert sind der geschnitzte Altar von 1430 und die romanische Taufe.

25938 Süderende | www.st-laurentii.de

Zum Wattenläufer
Kuchen, Pfannkuchen und Waffeln, aber auch die gutbürgerliche Küche und der supergünstige Mittagstisch in diesem Café gleich hinterm Deich sind ein echter Tipp. Mit Terrasse und Wintergarten. Schmankerl: Gummistiefelverleih (3 Euro/Tag) für die hier startenden Wattwanderungen.

Dunsem Stich (am Deichparkplatz) | 25938 Dunsum | Mobiltel. (01 71) 1 13 36 28

Die Grabsteine auf dem Friedhof von St. Laurentii erzählen Lebensgeschichten

Eine kleine Perle ist **Süderende,** ein gemütliches Dorf, das auf Föhrer Friesisch, dem Fering, klangvoll *Söleraanj* heißt. Viele Gäste lassen es jedoch im wahrsten Sinne des Wortes links liegen auf dem Weg zur außerhalb gelegenen Kirche **St. Laurentii.** Auf deren Friedhof stehen viele, teilweise sehr gut erhaltene „erzählende" Grabsteine, darunter auch derjenige des „glücklichen Matthias", einer der wenigen lateinisch beschrifteten auf Föhr. Matthias Petersen wurde am 24. Dezember (!) 1632 in Oldsum geboren und immerhin fast 74 Jahre alt. Und warum war er nun glücklich? Weil er als Kapitän eines Walfängers auf die stolze Zahl von 373 erlegten Walen kam, was ihm und seiner Familie ein nicht unerhebliches Vermögen einbrachte.

Landhaus Altes Pastorat
Feines, geschmackvoll gestaltetes 4-Sterne-Hotel in einem Reetdachhaus von 1762. In dem von Grund auf renovierten Gebäude können Hausgäste auch angemessen speisen (täglich wechselndes Menü) und den schönen Garten genießen. Schicker kleiner Wellnessbereich.

3 Zimmer, 4 Suiten und im Friesenhof gegenüber 1 Zimmer, 2 Suiten | 25938 Süderende | Tel. (0 46 83) 2 26 | www.landhaus-altes-pastorat.de

Hinrichsen's Familien-Farm
Auf Familie Hinrichsens Erlebnisbauernhof liefern artgerecht gehaltene Shorthorn-Rinder und Husumer Protestschweine u. a. erstklassige Steaks, Schnitzel und Burger, die Sie im Farm-Restaurant verspeisen können. Mehr Bioprodukte gibt's im Hofladen, im Hofcafé Kuchen und Eis. Geheimtipps: der vegetarische Burger mit Schafskäse und Hinrichsens selbst destillierter „Inselwhisky"!

Tgl. bis 18 Uhr | Aussiedlung 23 | Bushaltestelle Klein-Dunsum | 25938 Dunsum | Tel. (0 46 83) 9 63 49 79 | www.hinrichsens-farm.de

26 | Oldsum

Friesenhäuser vom Feinsten

Anfahrt

Vom Hafen Wyk 10 km | Auto/Bus 15 Min., Fahrrad (11,5 km) 35 Min.

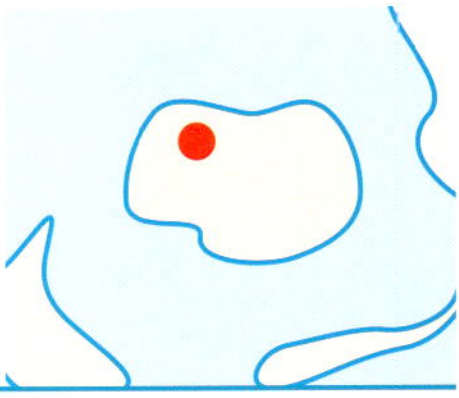

Man sieht sie schon von Weitem, die Windmühle am Ortsrand von Oldsum – Wegmarke im Inselwesten und Hinweis auf ein Dorf, das für viele das schönste der Insel ist. Wohl auch deswegen, weil es abseits vom Ferientrubel liegt – manchmal ein nicht zu unterschätzender Vorteil.

Zu Oldsum gehören auch die ehemals eigenständigen Dörfer **Klintum** und **Toftum** – alle drei zusammen bilden heute ein rundum hübsches Straßendorf. In dem gibt es kein „lautes" touristisches Angebot, dafür finden erholungsbedürftige Urlauber auf ihren Spaziergängen durch den malerischen Ort alles, was sie suchen: blumenbunte Bauerngärten mit Obstbäumen darin, gepflegte alte Reetdachhäuser, hier und da ein Laden – kurz, die Atmosphäre eines ursprünglichen, gemütlichen Friesendorfs, in dem die Zeit ein wenig langsamer zu vergehen scheint.

So ist das Dorf auch ein Rückzugsort geworden für kreative Menschen, gut erkennbar an den kleinen Galerien und Geschäften, von de-

Dorfbummel
Suchen Sie keine Straßennamen – die Häuser sind durchnummeriert! Lassen Sie Ihr Fahrrad stehen und bummeln Sie los! Vielleicht finden Sie ja das Haus, in dem Friede Riewerts 1942 geboren wurde, die spätere Frau Springer ... Übrigens: Auch die unverwechselbare deutsche Stimme von Robert de Niro hat samt Familie in Oldsum ihr Domizil.

Café Im Apfelgarten
Aus einer alten Scheune wurde 1994 dieses gemütliche Café mit seinem lauschigen kleinen Garten. Selbst gebackener Kuchen, knackfrische Salate, Suppen vom eigenen Herd, Brot mit überbackenem Schafskäse, Schinken-, Lachs- und Käseteller – vieles in Bioqualität. Köstlich auch der warme Zwiebelkuchen, der Milchreis und die rote Grütze – allesamt selbst geköchelt.

Haus 86 |
25938 Oldsum |
Tel. (0 46 83) 8 98 |
www.imapfelgarten.de

Bildhübsche Friesenhäuser wie dieses stehen in Oldsum reihenweise

nen Sie einige unbedingt besuchen sollten. In der Galerie **Art & Weise** (Haus 56) gibt es geschmackvolle Geschenke, Bücher, Bilder und CDs mit der wunderbaren Entspannungsmusik von Hauke Nissen. In Haus 61 spinnt und färbt Heike Müller **Föhrer Wolle** und verstrickt sie zu allerlei wärmenden Sachen. Kleine Schmuckstücke sind die Landschaftsaquarelle aus Hildegard Gottfrieds Atelier **Himmel & Meer** (Haus 65). Schräg gegenüber hatte im heute verwunschenen Marys Haus (Haus 72) der 2016 gestorbene Maler Enzian Calvados sein Atelier. Tolle Klamotten verkauft und schöne Inselgeschichten schreibt **Inge Haferkorn** in Haus 86. Köstliche Marmeladen, Senfe und Soßen komponiert **Inselfein** (Haus 139) ebenso wie **Marmelade & Co.** hinter dem kunterbunten Bastel- und Dekoladen **Mariechen** (Haus 37 und 37a).

Stelly's Hüüs
In einem kunterbunt eingerichteten Friesenhaus von 1837 betreibt Annetta König mit ihrer Familie einen kleinen Teeladen und ihre Töpferwerkstatt, in der Sie ihr bei der Arbeit zuschauen können. Ihre hübschen, preiswerten Keramiken werden Sie auch im Café finden, wo Sie ein Stück der inselweit gerühmten, selbst gebackenen Torten probieren müssen, eine Waffel oder einen Teller hausgemachte Suppe.

Haus 38 |
25938 Oldsum |
Tel. (0 46 83) 3 06

Friesin B&B
Bildhübsch! Und höchst gemütlich. Zwei Suiten – eine davon mit zwei Zimmern – in einem Kapitänshaus aus der Mitte des 19. Jhs. bieten allen Komfort für Menschen des 21. Jhs. – inklusive Badewanne und Kühlschrank. Zum Klönen gibt's außerdem das Kaminzimmer mit einer „Teebar". Im Angebot sind drei Frühstücksvarianten und auf Wunsch auch Halbpension (kalt-warme Friesentapas oder 3-Gang-Dinner).

Haus 19 | 25938 Oldsum |
Tel. (0 46 83) 9 63 90 93 |
www.friesin.de

Sinfonie in Gold-Grün-Blau: Sonnenuntergang am Morsum-Kliff

Sylt

An Sylt scheiden sich die Geister, bedient „die Insel" doch nur allzu gern die vielen Klischees, die über sie in Umlauf sind. Doch eigentlich ist Sylt ganz anders – nämlich in erster Linie immer noch Natur pur. Weil sich aber zu Sylts faszinierender Landschaft aus Strand, Dünen, Heide und Watt ein höchst abwechslungsreiches Angebot für Sportler und Gourmets, Wellnessfreunde und Nachtschwärmer gesellt, lassen sich Sylt-Fans den Spaß an „ihrer" Insel nicht nehmen – zu Recht!

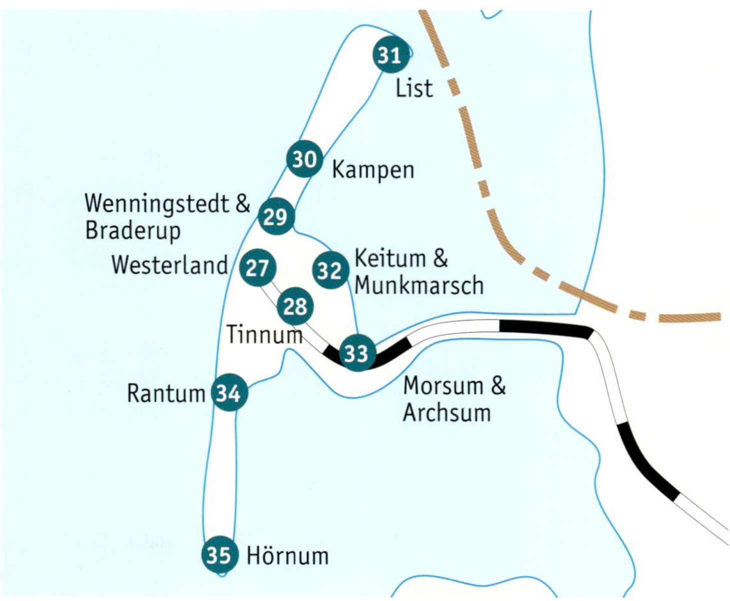

27 | Westerland

Inselmetropole mit Surfstrand

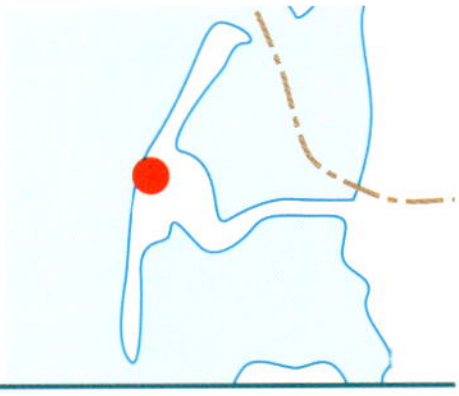

Anfahrt

Von Hamburg 190 km bis Autoverladung/Bahnhof Niebüll | Auto ca. 2 Std. 30 Min.; ab dort mit dem Autozug bis Bahnhof Westerland: ca. 50 Min. | Bahn von Hamburg nach Westerland ca. 3 Std. 15 Min.

Spätestens, wenn Sie aus dem Zug steigen und den Bahnhofsvorplatz betreten, wo Sie die etwas gewöhnungsbedürftige Skulpturengruppe *Reisende Riesen im Wind* empfängt, werden Sie feststellen, dass Westerland nicht gerade eine Schönheit ist.

Trotzdem übt die Stadt eine seltsame Anziehungskraft auf Touristen aus. Diese Faszination verdankt sich wohl auch der Tatsache, dass es an der Nordseeküste keinen besseren Urlaubsort gibt für das alte Spiel vom Sehen und Gesehenwerden als Westerland mit seinen Fußgängerzonen, den vielen Straßencafés und der **Strandpromenade.** Hinzu kommen ganzjährig zahlreiche Events und im Winter wird der Ort zum Mittelpunkt des Insellebens. Also verzeiht oder übersieht man gern die vielen Bausünden, die buchstäb-

Sylt-Aquarium
Die bunte tropische Meereswelt und die Bewohner der gar nicht so grauen Nordsee – präsentiert in 25 Aquarien, deren Wasser über eine Pipeline direkt aus dem Meer kommt.

Gaadt 33 | 25980 Westerland | www.syltaquarium.de

Heimstätte für Heimatlose
Auf diesem berührenden kleinen Friedhof wurden ab 1855 die Leichen unbekannter Seeleute begraben, die an den Sylter Strand gespült wurden. Unter schlichten Holzkreuzen liegen die Überreste von 53 Opfern des Blanken Hans.

Käpt'n-Christiansen-Str./Ecke Elisabethstr. | 25980 Westerland

Bilderbuchwetter und sommerlicher Betrieb am Südstrand von Westerland

lich in Reihe hinter der Promenade stehen. Sein heutiges Gesicht verdankt Westerland (9 300 Einwohner) – das um 1900 das mondänste Bad an der deutschen Nordseeküste war und sich seit 1948 mit dem Prädikat „Nordseeheilbad" schmücken darf – dem Fortschrittsglauben der Wirtschaftswunderjahre, als man die schönen alten Jugendstilhotels und Pensionen in Bäderarchitektur abriss, um Platz für klobige Apartmentkästen zu schaffen. Erst seit Beginn der 2000er-Jahre wird überall restauriert. So wurden etwa in den **Fußgängerzonen** etliche gesichtslose Fassaden im alten Bäderstil neu gestaltet. Doch das typische Westerland-Publikum guckt sowieso meist nicht nach oben, sondern strebt der Strandpromenade zu, in die Straßencafés oder zu den Stehtischen bei *Gosch*, um sich erst mal ein Häppchen und ein Piccolöchen zu gönnen.

Jörg Müller
Jörg Müller ist seit 1983 die Kochinstitution der Insel. Sein Konzept: anspruchsvolle, vorwiegend regionale Küche – Klassiker sind z. B. Seezungenfilets oder Deichlamm-Variationen – und erstklassige Weine in einem legeren Rahmen, seit der Meister 2014 seinen Stern zurückgegeben hat. Einsame Spitze sind auch die saisonalen Gerichte wie Rehschnitzel, Skreifilets oder Schnepfe aus Sylter Jagd.

Nur abends | Süderstr. 8 | 25980 Westerland | Tel. (0 46 51) 2 77 88 | www.hotel-joerg-mueller.de

Beach House
Der Meeresblick in diesem Dünenrestaurant ist sensationell – vor allem von der Sonnenterrasse. Deswegen ist es hier auch fast immer voll. Die Karte ist klein, aber überzeugend: Der „Catch of the day" kommt wirklich direkt vom Kutter, die Lieferanten der Steaks weiden in Schleswig-Holstein und auch an Vegetarier wird gedacht.

Käpt'n-Christiansen-Str. 41a (südliche Strandpromenade) | 25980 Westerland | Tel. (0 46 51) 2 88 78 | www.beachhouse-sylt.de

Sylts Metropole taugt aber nicht nur zum Shoppen und Leute-Gucken, sondern bietet alles, was sich vergnügungswillige Urlauber wünschen. Das beginnt mit der 4 Kilometer langen **Promenade:** Hier flaniert man, schaut auf die Nordsee, lauscht einem Kurkonzert oder Shantys in der *Musikmuschel.* Direkt dahinter liegen das Frei- und Hallenbad **Sylter Welle** und gleich nebenan die große Wellnessoase **Syltness Center.** Doch in erster Linie lockt natürlich das Meer: Im Sommer ist Strandleben angesagt, im Winter macht man Spaziergänge am Flutsaum oder sitzt dick eingemummelt im Strandkorb. Unterhalb der Promenade verläuft der **Brandenburger Strand,** der Surfspot der Insel. Beliebt ist der *Funbeach* (mit Animation und Musikbeschallung) für alle möglichen Ballspiele. Tagesgäste lösen am Hauptübergang zum Strand am Ende der **Friedrichstraße** neben dem Hotel Miramar eine Tageskurkarte für 4 Euro (Nov.–Apr. 2 Euro). Insgesamt gibt es 18 Übergänge auf etwa 6 Kilometern Strandlänge.

Und was folgt nach dem Beachlife? Genau – das Nightlife! Es gibt reichlich Möglichkeiten: Vor allem in der **Paulstraße** und am Beginn der **Strandstraße** findet jedes Tierchen sein Pläsierchen – von der Cocktailbar über den Irish Pub bis zum Dancing Club. Bars für jedes Publikum sind über die ganze Stadt verteilt. Oder man besucht Deutschlands nördlichste **Spielbank,** die sich passenderweise im Westerländer Rathaus befindet. Auf dessen Vorplatz findet samstagvormittags (in der Saison auch mittwochs) der besuchenswerte **Wochenmarkt** statt.

Einen Kontrapunkt zur trubeligen City setzt das landeinwärts liegende **Alt-Westerland.** Rund um die kleine Kirche **St. Niels** (1635) stehen geduckte Friesenhäuser an schmalen Wegen – Reste jenes alten Dorfs, das die Überlebenden von **Eidum** gründeten, nachdem ihr Dorf bei einer Sturmflut 1436 zerstört worden war.

Long Island House
Außen schlicht, innen aber ein Designhotel. Das Haus liegt ruhig im südlichen Teil Westerlands, aber doch so zentral, dass Sie in wenigen Minuten im Ortskern sind. Und es besitzt einen Garten mit Terrasse – bei Westerlands Hotels nicht selbstverständlich! Die zehn Zimmer sind individuell eingerichtet, im US-amerikanischen Landhausstil. Liebevoll angerichtetes Frühstücksbuffet mit viel (Räucher-)Fisch.

Eidumweg 13 | 25980 Westerland | Tel. (0 46 51) 9 95 95 50 | www.sylthotel.de

Hotel Niedersachsen
Schon von außen ist der verschachtelte Holz-Stein-Bau ein Hingucker. Das setzt sich in den 35 hellen, höchst modernen Zimmern, Suiten und Wohnungen fort. Die engagierte Betreiberfamilie führt das nur etwa 100 Meter von der Strandpromenade entfernte Haus ökologisch und nachhaltig in jeder Beziehung – das beginnt bei Ökostrom und Wärmepumpen und hört beim Frühstück noch lange nicht auf.

Margarethenstr. 5 | 25980 Westerland | Tel. (0 46 51) 9 22 20 | www.hotel-niedersachsen.de

Nord-
see
Königshafen
Wanderdünen
Erlebniszentrum
Naturgewalten
List
Nord-Sylt
Sylt
Dänemark
Deutschland
Kampen
Uwe-Düne
Denghoog
Naturzentrum
Wenningstedt
Braderup
Westerland
Heimstätte für
Heimatlosen
Sylt-Aquarium
Tinnum
St. Severin
Sylt Museum
Tinnum-
burg
Keitum
Morsum
NSG
Rantum-
becken
St. Martin
Sylt-Quelle
Rantum
Rantumer
Dünen
Nordfriesisches
Wattenmeer
N
2000 m
Arche Wattenmeer
Hörnum
Föhr

28 | Tinnum

Geschäftiges Dorf mit Geschichte

Anfahrt

Vom Bahnhof Westerland 2 km | Auto/Bus/Fahrrad 6 Min.

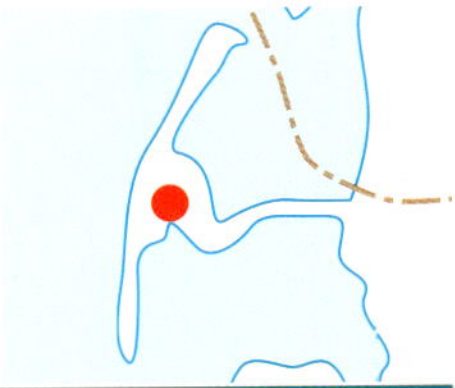

Hier muss jeder mal durch. Führen doch die Bahngleise nach Westerland mitten durch den Ort. Weiter nördlich teilt die Landstraße in den Inselosten Tinnum ein zweites Mal: in das Sylter Gewerbegebiet und den alten Dorfkern, der direkt an die Marsch grenzt und in dem noch schöne alte Friesenhäuser stehen.

Dank seiner zentralen, geschützten Lage war Tinnum von der Mitte des 17. bis zur Mitte des 19. Jahrhunderts Sitz der Sylter Landvögte, die in jenen Zeiten als Stellvertreter der jeweils herrschenden Mächte das Sagen hatten. Heutzutage sitzt die Amtsgewalt in Westerland, aber wer in Tinnum sein Urlaubsdomizil hat, der hat es nicht weit bis dorthin – und wohnt zudem preiswerter als irgendwo sonst auf Sylt.

Zwischen der Landstraße nach Keitum und dem Flughafen liegt ein

Tinnumburg
Von der „Burg" – die vermutlich einst ein Kultplatz war – ist nur ein einfacher Ringwall mit einem Durchmesser von 120 m erhalten, einer der ältesten in Schleswig-Holstein (um das Jahr 0).

Siebzehn84
1784 ist das Baujahr des Landhauses Stricker, in dem Sternekoch Holger Bodendorf wirkt. Von seinen beiden Restaurants ist dieses das legere. Serviert wird leichte internationale Küche, ergänzt um regionale Klassiker und die besten Burger weit und breit. Außerdem im Angebot: Frühstück bis 14 Uhr!

Boy-Nielsen-Str. 10 | 25980 Tinnum | Tel. (0 46 51) 8 89 90 | www.landhaus-stricker.de

Die Damhirsche im Tierpark Tinnum sind immer für ein Häppchen zu haben

auch architektonisch recht attraktives **Gewerbegebiet,** in dessen bunten Blechhallen und Holzhäusern jedermann einkaufen kann, beispielsweise Delikates: Süßes in der *Sylter Schokoladenmanufaktur* (Ladengeschäft in Westerland), Tee & Co. im *Teespeicher,* Wein und Spirituosen bei *Heiliger,* Fisch und Krustentiere bei *Blum* (vier Ladengeschäfte mit angeschlossenem Bistro in Westerland und Wenningstedt). In den Sylter Werkstätten fertigen Menschen mit Behinderung und viel Hingabe unter anderem Keramik, Kerzen, Konfitüren und Müsli.

Und dann liegt da noch ein tierisches Paradies in der Tinnumer Marsch: der 1971 gegründete **Tierpark Tinnum** (Mai–Okt., ausgeschildert). In ihrem äußerst liebevoll gestalteten Zoo hegt und pflegt Familie Christiansen über 400 Tiere, darunter viele einheimische Arten.

Zur Eiche
Seit mehr als 130 Jahren der Dorfgasthof, in dem sich die Sylter treffen. Mittlerweile aber auch ein modernes Restaurant mit hochwertiger Regionalküche: Die Ochsenbacken mit Gartengemüse oder das Krabbenrührei z. B. sollten Sie sich nicht entgehen lassen. Auch die reichhaltigen Salatvarianten sind ein Genuss!

Nur abends | Zur Eiche 38 |
25980 Tinnum |
Tel. (0 46 51) 3 11 44 |
www.zureichesylt.de

H. Bodendorf & Landhaus Stricker
Vom Feinsten! Siebzehn elegante, große Zimmer und 21 ebensolche Suiten in einem als Hotel durchgestylten Friesenhaus in einem kleinen Park. Zwei Restaurants – kulinarisches Highlight ist das *Bodendorf's* mit leichter, mediterran inspirierter Sterneküche – und ein großzügiger Wellnessbereich mit Pool, Dampfbad und Saunen. Ein weiterer Wohlfühlort ist die *Miles Bar* im Haus.

Boy-Nielsen-Str. 10 |
25980 Tinnum |
Tel. (0 46 51) 8 89 90 |
www.landhaus-stricker.de

29 | Wenningstedt & Braderup

Auf dem Kliff & in der Heide

Anfahrt

Vom Bahnhof Westerland 4,5 km | Auto/Bus 10 Min., Fahrrad (3,5 km) 15 Min. (bis Wenningstedt)

Vom Bahnhof Westerland 5,5 km | Auto/Bus 10 Min., Fahrrad (5 km) 20 Min. (bis Braderup)

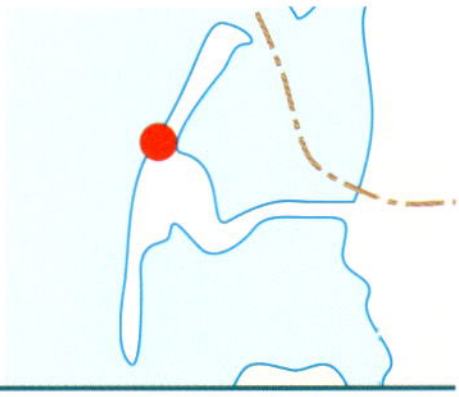

Kein Ort auf Sylt bietet eine so spektakuläre Aussicht: Hoch oben vom Roten Kliff schweift der Blick über den Strand, der – scheinbar unendlich – im Norden und Süden im Meerdunst verschwindet. Und auch auf der Ostseite, in Braderup, ist der Blick über die Heide aufs Wattenmeer außergewöhnlich reizvoll.

In der Tat ist das 4,5 Kilometer lange und bis zu 30 Meter hohe **Rote Kliff** zwischen Wenningstedt und Kampen das beeindruckendste an der deutschen Nordsee – und wenn die Sonne am Horizont im Meer versinkt, glüht es tatsächlich hellrot! Das liegt an dem eisenhaltigen Lehm, aus dem es besteht. Der ist im Übrigen so weich, dass er Sturmfluten nicht standhalten kann, sodass es immer wieder zu dramatischen Abbrüchen kommt, von denen man dann in den Medien unter Schlagzeilen wie „Landverlust auf Sylt" liest. Wenn Sie im Winterhalbjahr nach Wenningstedt reisen, haben Sie gute Chancen zu erleben, wie die tosende Nordsee

★ **Naturzentrum Braderup**
Die Naturschutzgemeinschaft Sylt bietet naturkundliche Ausstellungen, einen großen Teich, einen Kräutergarten und Führungen durch die Heide.

Apr.–Okt. | Martin-T.-Buchholz-Stich 10a | 25996 Braderup | www.naturschutz-sylt.de

★ **Denghoog**
Das größte Steingrab Nordwesteuropas ist über 5 000 Jahre alt. In die Grabkammer unter den bis zu 18 t schweren Findlingen steigt man durch ein Loch in der Decke ein.

Apr.–Okt. | Am Denghoog | 25996 Wenningstedt

Unendliche Weiten: der Strand nördlich von Wenningstedt im Herbst

den Strand unter sich begräbt und manchmal bis ans Kliff vordringt. Kommen Sie als Sommergast, erleben Sie die Nordsee meistens von ihrer sanfteren Seite – mal als Badewanne, mal als Whirlpool mit erfrischenden Brandungswellen. Das ist auch die beste Jahreszeit für das perfekte Klifferlebnis: Gehen Sie auf dem Holzsteg oben auf dem Kliff ab dem Strandabschnitt 31 in Richtung Kampen, am Abschnitt 30 runter zum Strand und dort wieder zurück – oder umgekehrt.

Das Kliff gestaltet auch den Zugang zum **Strand** ganz besonders: Ans Wasser geht's über eine imposante Treppenkonstruktion: 40 Meter lang, 10 Meter breit, 60 Stufen mit Podesten zum Ausruhen, Treppenlift und einer 26 Meter langen Röhrenrutsche – weiche Landung im Sand ist garantiert. Und damit kleine und große Kinder ihrem Vor-

Tampe's Restaurant
Ob Scholle, Hummer, Kalbsbäckchen oder Schweinebauch (48 Std. bei 55 °C) – Norbert Tampe versteht sein Handwerk. Abwechslungsreiche Küche, günstige Weine. Übrigens: Die Austern-Karte – wilde Austern aus dem Wattenmeer – mit elf Positionen sucht ihresgleichen, und das hausgemachte Sauerfleisch von Gans und Susländer Schwein gibt's auch im Glas zum Mitnehmen.

Nur abends | Westerlandstr. 12 | 25996 Wenningstedt | Tel. (0 46 51) 4 26 53 | www.tampes-restaurant.de

Fitschen am Dorfteich
Familie Fitschen kommt aus Süddeutschland und beglückt ihre Gäste daher auch immer wieder mal mit Maultaschen, Flädlesuppe oder Topfenknödeln. Beliebt sind aber auch der Nordseedorsch und der Deichlammrücken. Mittags sollten Sie auf der schönen Gartenterrasse speisen. Und wenn Sie mal richtig schlemmen wollen, bestellen Sie doch abends das vier- oder sechsgängige Menü!

Am Dorfteich 2 | 25996 Wenningstedt | Tel. (0 46 51) 3 21 20 | www.fitschen-am-dorfteich.de

dermann nicht ins Kreuz krachen, gibt's sogar eine Ampelanlage! Am Fuß des Kliffs liegt das Strandbistro und oberhalb das spektakuläre Restaurant von „Fischkönig" Jürgen Gosch. Zusammen mit der schicken Promenade und der **Sylt-4-Fun-Arena** für die Kids ist also Ganztagsvergnügen garantiert. Das **Haus am Kliff** – mit dem Café-Restaurant *iismeer*, der Touristinfo und dem *Kursaal³* für Veranstaltungen – verleiht durch seinen prägnanten Architekturmix aus Bäderstil und moderner Holz-Glas-Bauweise der Promenadenmeile zusätzliche Attraktivität. Bis 2021 wird zudem ein Terrassenrestaurant direkt an der Kliffkante das Ensemble komplettieren.

Im Ort selbst prägen kleine Hotels, Pensionen und viele Ferienwohnungen das Bild – Wenningstedt ist ein typisches Familienbad. Relativ moderate Preise, ein Minigolfplatz in der Ortsmitte, ein Campingplatz und reichlich Freizeitangebote für Kinder tragen das Ihre dazu bei. Der ursprüngliche Ortskern mit einigen schönen alten Friesenhäusern liegt am **Dorfteich**, den man auf einem idyllischen Spazierweg umrunden kann. Auch die Kirche, **Friesenkapelle** genannt, steht hier, nicht weit dahinter die Riesensteine des **Denghoogs** (▸ Seite 116).

Braderup – kommunalpolitisch ein Ortsteil von Wenningstedt – liegt an der Ostküste der Insel mitten in einer stillen Wiesen- und Heidelandschaft. Das Dörfchen ist ideal für ruhesuchende Urlauber, die wandern und radeln möchten. Auch Landwirtschaft gibt es hier noch. Das 137 Hektar große Naturschutzgebiet **Braderuper Heide** am nördlichen Ortsrand oberhalb des Wattenmeers ist von Sand- und Bohlenwegen durchzogen und lässt sich so ganz bequem erwandern. Etwa 2 500 (Klein-)Tierarten und 150 Pflanzenarten hat man hier gefunden; circa 45 Prozent dieser Pflanzen stehen als bedrohte Arten auf der Roten Liste.

Hotel Weißes Kliff
Braderups kleines Hotel garni ist ein Hingucker! Es residiert in einem ansehnlichen, grundsanierten Kapitänshaus von 1852. Die drei Einzel- und drei Doppelzimmer sind nicht groß, aber sehr gemütlich und wurden 2017/18 komplett renoviert im modernen Landhausstil.

Martin-T.-Buchholz-Stich 7 | 25996 Braderup | Tel. (0 46 51) 4 30 08 | www.weisses-kliff.de

MEHR ENTDECKEN
Feinkost Meyer
Wer auf Sylt etwas auf sich hält, wählt zum täglichen Einkauf diesen extraschicken Supermarkt. Hier gibt es so gut wie alles. „Es ist zwar etwas teurer, dafür ist man unter sich." Alle anderen können sich sattsehen und einen Alibikauf tätigen, z. B. ein Beutelchen bunter „Sylter Strandbären" erstehen. Das freundliche Personal ist übrigens eine echte Wohltat!

Osterweg 1–5 | 25996 Wenningstedt | Tel. (0 46 51) 48 21 | www.feinkostmeyer.de

Auf dem Roten Kliff kann man von Wenningstedt nach Kampen wandern

30 | Kampen

Nobeldorf in herrlicher Natur

Anfahrt

Vom Bahnhof Westerland 6,5 km | Auto/Bus 11 Min., Fahrrad (7 km) 25 Min.

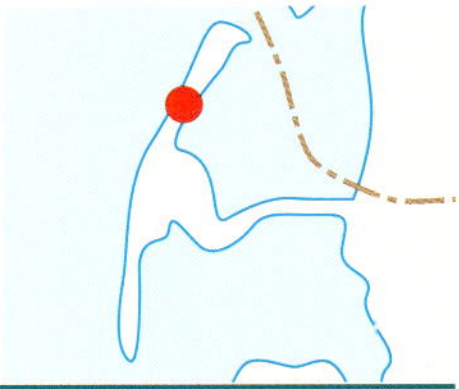

Vergessen Sie alle Vorurteile, die man landläufig mit Kampen verbindet: dicke Autos, Jetset (und was sich dafür hält), Schickimicki. Das ist zwar nach wie vor nicht komplett falsch, aber auch in diesem Dorf herrscht meistens ganz normales Urlaubsleben.

In erster Linie besticht Kampen nämlich durch seine traumhafte Lage zwischen Dünen, Kliff und herrlichem Strand auf der Seeseite und einer stillen Heide- und Wiesenlandschaft auf der Wattenmeerseite. Im Juli/August und zu Weihnachten/Silvester steppt hier allerdings der Bär. Vor allem in der keine 300 Meter langen „Whiskystraße", dem **Strönwai,** wird flaniert und in Oldtimern promeniert. Sie wollen auch mal mitgucken? Dann setzen Sie sich auf die Terrasse des **Odin** direkt neben dem legendären *Go-*

Uwe-Düne
Sylts höchste Erhebung liegt auf dem Kliff und lässt sich über eine Holztreppe ersteigen. Der Rundumblick über die Insel aus immerhin 52,5 m Höhe ist grandios!

Am Ende der Straße „Zur Uwe-Düne" ausgeschildert

Kupferkanne
Tauchen Sie ein in das unterirdische Labyrinth dieses originellen Cafés, das man unbedingt besuchen sollte, wenn man auf Sylt ist. Die traumhaft schöne, weitläufige Gartenanlage mit Wattblick ist einmalig. Ebenfalls traumhaft sind der Kuchen (auch in herzhaften Varianten) und der Kaffee aus der eigenen Rösterei.

Tgl. 10–18 Uhr | Stapelhooger Wai 7 | 25999 Kampen | Tel. (0 46 51) 4 10 10 | www.kupferkanne-kampen.de

Kampens Strand bei Ebbe – oben ist das Nordende des Roten Kliffs zu sehen

gärtchen! In diesem Deli stimmt das Preis-Leistungs-Verhältnis.

Weitere sehenswerte Stationen in Deutschlands teuerstem Dorf sind die stillen Wege an der Wattseite, wo die allernobelsten Immobilien stehen, der **Avenariuspark** zum Boulespielen und Axel Springers Ex-Residenz am nördlichen Ortsrand, die „Springer-Burg". An der Seeseite die Restaurants **Sturmhaube** und **Kaamps7** mit ihren spektakulären Aussichten und ganz im Norden das coole Bistro **Buhne 16.** Ebenfalls sehenswert, und zwar für kulturell und historisch Interessierte: das **Haus Kliffende** dicht an der Abbruchkante. Hier urlaubten unter anderen Ernst Rowohlt, Emil Nolde, Thomas Mann – und Hermann Göring. Dass Kampen von jeher auch ein Künstlerdorf war, zeigt der **Kampener Kunstpfad:** Alle Infos dazu gibt es in der Tourist–Info **Kaamp Hüs** (Hauptstr. 12).

Manne Pahl

Der Schweizer Pius Regli, der in Keitum auch eine Weinwirtschaft betreibt, führt seit über 25 Jahren diesen Klassiker, seit einigen Jahren gemeinsam mit seiner Tochter Sarah. Wer will, sitzt hier vom Frühstück über den Nachmittagskuchen bis zum hochgelobten Wiener Schnitzel am Abend im gemütlichen, im Sommer offenen Wintergarten und beobachtet die Nobelkarossen, die nach Kampen hinein- und wieder hinausrollen.

Zur Uwe Düne 2 | 25999 Kampen | Tel. (0 46 51) 4 25 10 | www.manne-pahl.de

SCHÖNES IN DER NÄHE
Vogelkoje

Die historische Entenfanganlage nördlich von Kampen ist ein Naturschutzgebiet und Sie können sie besichtigen (Mai–Okt.). Im Kojenwald liegt das gleichnamige gemütliche Restaurant in einem lauschigen Garten: günstige Tageskarte, ausgezeichnete Klassiker von der Bouillabaisse à la Vogelkoje bis zur halben Vogelkojenente, gutes Frühstück (12–14 Uhr).

Lister Str. 100 | 25999 Kampen | Tel. (0 46 51) 9 52 50 | www.vogelkoje.de

31 | List

Hafenort mit Ellenbogen

Anfahrt

Vom Bahnhof Westerland 16,5 km | Auto/Bus 20 Min., Fahrrad (17,5 km) 1 Std.

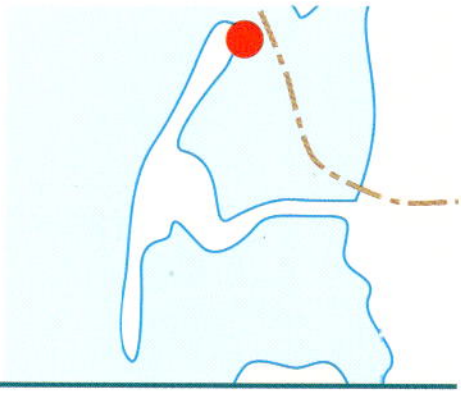

„In Deutschland ganz oben" – dieser ehemalige Sylter Werbeslogan trifft auf List immer noch zu, ist es doch Deutschlands nördlichste Gemeinde. Hier ist die unter dem Namen *Sylter Royal* bekannte Auster zu Hause und hier gründete der gelernte Maurer Jürgen Gosch sein bundesweites gastronomisches Imperium.

Dessen Keimzelle war eine kleine Fischbude am Lister **Hafen,** aus der der heutige „Fischkönig" eine kunterbunte Eventgastronomie entwickelt hat. Seine riesige, runderneuerte **Alte Bootshalle** gleicht einem maritimen Hofbräuhaus, auf den Terrassen davor inhaliert man statt frischer Nordseeluft würziges Fischbratfett – es sei denn, man steigt ins Riesenrad. Und das jahrzehntelang einzige Hafen-Highlight, *Harrys Hafenbasar,* ist längst umzingelt von bunten Fress- und Shoppingbuden. Prunkstück ist die **Alte Tonnenhalle** mit 15 netten, kleinen Läden von Bonbons über Bücher bis zu Souvenirs. Auch Jürgen Gosch lässt hier Fischbrötchen und Plüschhummer

★ Erlebniszentrum Naturgewalten
„Kräfte der Nordsee", „Leben mit Naturgewalten" und „Klima, Wetter, Klimaforschung": Das sind die Themen, mit denen sich das spannende Ausstellungszentrum befasst.

Hafenstr. 37 | 25992 List | www.naturgewalten-sylt.de

★ Wanderdünen
Deutschlands letzte drei Wanderdünen – die größte ist 35 m hoch – wandern etwa 4 m pro Jahr in Richtung Hauptstraße nach Westerland. Die „Sylter Sahara" steht unter Schutz: Betreten verboten!

Im Hafen liegt die vom Fisch- zum Ausflugskutter umgebaute *Gret Palucca*

(sein Markenzeichen) verkaufen. Übrigens: Der Mann tut auch sonst Gutes – so kümmert er sich zum Beispiel um den Naturschutz auf „seiner“ Insel.

Im Hafen ist der Seenotrettungskreuzer *Pidder Lüng* stationiert und vom Kai stechen die Kutter *Gret Palucca* und *Rosa Paluka* in der Saison mehrmals täglich in See – zum Beispiel zu den Seehundsbänken inklusive Seetierfang. Nebenan, im Fährhafen, legen die Schiffe der Linie List–Havneby (Rømø) an und ab. Eine interessante Alternative übrigens zur Fahrt auf dem Autozug!

Das Hafengelände war bis vor gar nicht so langer Zeit der trubelige Mittelpunkt des Ortes. Doch List hat gewaltig aufgerüstet und ist damit auch noch nicht fertig: Altlasten wie Soldatenheim, Kasernen und Marineschule, die jahrzehntelang das Ortsbild bestimmten (List war

L.A. Sylt – Lister Austernperle
Wer sie gefunden hat, findet sie gut, diese kleine Perle am Wattenmeer. Auf der Terrasse der Holzbude im Strandkorb sitzen, aufs Wasser schauen, Austern und ein Weinchen schlürfen, und im Übrigen den lieben Gott einen guten Mann sein lassen. Herrlich! Und wer ganz profan einfach nur Hunger hat, futtert Matjes, Lamm oder Rinderfilet.

Mannemorsumtal (Oststrandpromenade) |
25992 List |
Tel. (0 46 51) 2 99 93 96

Wonnemeyer Weststrandhalle
Die Weststrandhalle war mal so eine Art Skihütte in den Dünen fürs ältere Publikum. Doch Familie Wonnemeyer hat daraus vor ein paar Jahren ein wunderbar entspanntes Beach House mit Beach Feeling für Beach People gemacht. Die Gerichte sind entsprechend leicht, frisch und vielfältig – außerdem ist man Mitglied im Verein *Feinheimisch* für regionale Ess- und Kochkultur.

Ellenbogen 3 |
25992 List |
Tel. (0 46 51) 87 02 66 |
www.wonnemeyer.de

bis 2007 Marinestandort), wurden und werden abgerissen, stattdessen wird der historische Ortskern aufgewertet. Die ersten Schritte zu einer neuen Ortsmitte sind bereits getan: 2017 eröffnete der **Lister Markt,** ein Komplex im Neu-England-Stil mit Shoppingmall, 37-Zimmer-Hotel, Wohnungen, Restaurants, Läden und Supermarkt. Vorreiter dieser Entwicklung war 2010 das luxuriöse **A-Rosa,** Sylts größtes Hotel, das an der Hauptstraße in die Dünen gebaut wurde, mit Blick aufs Wattenmeer. Getoppt wird das ab 2020 nur 500 Meter entfernt mit dem „Gesundheitsresort" **Lanserhof** – einem der teuersten Hotels Deutschlands.

Und weil man nicht nur die ganz Betuchten im Blick hat, soll in der Folge die Hafenstraße zu einem Boulevard werden und auf dem Hafengelände soll eine Seebühne entstehen. Auf diesem Boulevard – bis dato noch eine einfache Straße – ist einer der Hotspots das **Bistro Sylter Royal,** Stammsitz von *Dittmeyer's Austern-Compagnie*. Nirgends bekommen Sie das Schalentier frischer.

Dann wäre da noch Lists andere Seite – und die ist Natur pur. Schon vor dem eigentlichen Ort führt die Hauptstraße durch das insgesamt 1 300 Hektar große Naturschutzgebiet des **Listlands** mit seinen imposanten Wanderdünen und dem vom sogenannten Ellenbogen beschützten Vogelparadies **Königshafen.**

Das gesamte Listland ist übrigens bis heute im Besitz alteingesessener Lister Familien. Auch deshalb müssen Sie – im Sommer – 6 Euro Mautgebühr bezahlen, wenn Sie mit dem Auto auf Deutschlands Nordspitze fahren wollen, den besagten **Ellenbogen.** Insbesondere Surfer und Strandläufer tun dies aber gerne, erwarten sie doch wilde Wellen, weißer Sand, schwarz-weiße Austernfischer und seltene, violette Stranddisteln.

Hotel Strand

Mehr Hotel am Meer geht kaum: Das außen wie innen in den Farben des Sandes und der Dünen gehaltene Designhotel steht direkt am Königshafen, gleich hinterm Erlebniszentrum. Großzügige Zimmer, Suiten und Maisonette-Apartments mit herrlichen Ausblicken aufs Meer. Sonnenterrasse, „Segler-Lounge", Shop, Pool und Sauna, hauseigener Bootssteg mit Surfboards, Katamaranen und Ocean Kajaks.

15 Zi., 15 Apt. | Hafenstr. 41 | 25992 List | Tel. (0 46 51) 88 97 50 | www.hotel-strand-sylt.de

SCHÖNES IN DER NÄHE
Rømø

Die dänische Insel ist etwas größer als Sylt, hat aber nur 580 Einwohner. Der breiteste Strand Nordeuropas (bei Niedrigwasser bis zu 2,5 km!), ein Dünengürtel mit Strandseen, Heide, Nadelwald und Weideland prägen – von West nach Ost – das Inselbild. In dieser Landschaft liegen vereinzelt bildschöne alte Höfe und viele Ferienhaussiedlungen. Der 9 km lange Verbindungsdamm zum Festland ist eine Straße. Ab List verkehren bis zu 32-mal täglich die Fähren der *Rømø-Sylt-Linie (www.syltfaehre.de)*.

Für viele ist der Strand am Ellenbogen der schönste auf ganz Sylt

32 | Keitum & Munkmarsch

Kapitänsdorf & Seglerhafen

Anfahrt

Vom Bahnhof Westerland 4,5 km | Auto/Bus 8 Min., Fahrrad (4,5 km) 20 Min. (bis Keitum)

Vom Bahnhof Westerland 6,5 km | Auto/Bus 10 Min., Fahrrad (5 km) 20 Min. (bis Munkmarsch)

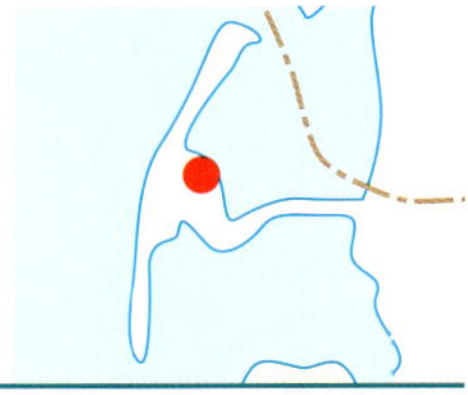

Um Sylts schönstem Dorf gerecht zu werden, müssen Sie es durchbummeln! Hier, über dem Grünen Kliff, stehen unter Bäumen und in eingewachsenen Gärten die schönsten alten Friesenhäuser Sylts. Leider wird das entspannte Flanieren immer wieder durch fußfaule Feriengäste behindert, die mit ihren Boliden durch die Sträßchen bollern.

Übrigens kann man nicht einfach durch Keitum fahren, um in den Inselosten zu kommen: Zur Entlastung der Dorfstraßen vom Durchgangsverkehr wurde schon vor etlichen Jahren eine Umgehungsstraße gebaut. Parken Sie also am besten gleich auf einem der beiden **Parkplätze** am Ortseingang aus Richtung Tinnum oder Munkmarsch! Und falls Sie im Dorf übernachten – nutzen Sie möglichst die Linienbusse oder nehmen Sie ein (Leih-)Fahrrad. Am besten erkundet man Keitum natürlich zu Fuß. Machen Sie sich also auf den Weg – und rechnen Sie damit, dass Sie sich im Gewirr der vielen kleinen Stra-

★ **St. Severin**
Chor und Apsis dieses Sylter Wahrzeichens stammen aus dem 13. Jh., der wuchtige Turm aus dem 15. Jh. Ganz wunderbar: die mittwochabendlichen Orgelkonzerte.

Munkmarscher Chaussee | 25980 Keitum | www.st-severin.de

★ **Friedhof**
Hier ruhen u. a. Peter Suhrkamp, Rudolf Augstein und Fritz J. Raddatz. Im nördlichen Teil erinnern alte Grabsteine an die Keitumer Kapitäne.

Munkmarscher Chaussee | 25980 Keitum

Typisch für Keitum: liebevoll restaurierte Kapitänshäuser hinter Friesenwällen

ßen auch mal verlaufen. Macht aber gar nichts – die Häuser und ihre blumenbunten Vorgärten kann man sich gut auch zweimal angucken!

Zum Kennenlernen Keitums sollten Sie einen ersten, längeren Spaziergang seiner Geschichte und Kultur widmen: Der historische Ortskern liegt nordöstlich der Hauptstraße, des **Gurtstigs.** Hier finden Sie zwischen **Erich-Johannsen-Wai** und **Mühlenweg** die meisten schönen Häuser des Ortes, manche von ihnen weit über 200 Jahre alt. In der Straße **Am Kliff** stehen besonders sehenswerte Friesenhäuser – so das **Altfriesische Haus** und das **Heimatmuseum,** dessen Gartentor von den Unterkieferknochen eines Finnwals gebildet wird. Im **Weidemannweg** fällt besonders ein weißes Kapitänshaus ins Auge, das Weidemannhaus von 1776. Auf einem kleinen Platz Ecke **Bahnhofstraße/Kastanienweg**

★ **Sylt Museum**
In dem ehemaligen Kapitänshaus von 1759 wird die Inselgeschichte dokumentiert. Regelmäßige Sonderausstellungen.
Am Kliff 19 | 25980 Keitum | www.soelring-museen.de

★ **Altfriesisches Haus**
Zurück ins Jahr 1739: Hier sehen Sie das original erhaltene Inventar des Wohnhauses eines Walfänger-Kapitäns.
Am Kliff 13 | 25980 Keitum | www.soelring-museen.de

Was für Aussichten! Vom Grünen Kliff in Keitum schaut man bis nach List

steht das Denkmal für Uwe Jens Lornsen (1793–1838), den wohl berühmtesten Sohn Keitums. Im Heimatmuseum ist ihm eine Ausstellung gewidmet. Eines der kleinen Friesenhäuser im **Dikwai** (Nr. 5) gehörte früher Henri Nannen, dem Gründer des *Stern.* Wirklich malerische kleine Reetdachhäuschen stehen im **Takerwai**, sie gehörten einst nicht Keitumer Kapitänen, sondern einfachen Handwerkern.

Plätze zum Verschnaufen gibt's genug! Beispiele? Bitte: Am Kliff und gleich dahinter liegen **Nielsens Kaffeegarten, Pius' Weinwirtschaft** und die **Kleine Küchenkate,** in der baumgesäumten C.-P.-Hansen-Allee das **Amici** und nahe dem westlichen Ortseingang die immer gut besuchte **Kleine Teestube.**

Am östlichen Ende des Kliffwegs kommen Sie zum renaturierten, strandkorbbestandenen Ex-Ther-

Brot & Bier
Alexandro Pape hat seine zwei Sterne aus dem Munkmarscher Fährhaus an den Nagel gehängt und am Keitumer Kreisel die Tradition des Abendbrots zu neuem Leben erweckt. Es gibt selbst gebackenes Brot, in mehr als zehn Varianten so üppig belegt, dass von einer Scheibe Brot überhaupt keine Rede sein kann. Dazu selbst gebrautes Bier und zum Nachtisch arme Ritter.

Di–Sa 13–21 (Küche bis 19.30) Uhr | Gurtstig 1 | 25980 Keitum | Tel. (0 46 51) 9 36 37 43 | www.brot-und-bier.de

Nielsens Kaffeegarten
Seit 1909 existiert diese inselweit berühmte Bäckerei mit ihrem Café. 2017 wurde es abgerissen und komplett neu errichtet – und ist nun schöner denn je! Das Highlight ist die herrliche Terrasse oben auf dem Kliff mit tollem Blick übers Watt. Draußen und drinnen gibt's neben den üblichen Backwaren Frühstück, Kaffee & Kuchen und sehr gute kleine Gerichte.

Café Mi–Mo 8–18 Uhr | Am Kliff 5 | 25980 Keitum | Tel. (0 46 51) 3 16 85 | www.nielsens-kaffeegarten-sylt.de

mengelände (Lassen Sie sich dessen Geschichte unbedingt mal von Einheimischen erzählen!) mit fantastischem Blick über die Keitumer Bucht. Dahinter das Keitumer Kulturhaus **Friesensaal,** das exklusive *Severin's Resort & Spa* mit zwei für jedermann zugänglichen Restaurants und die beiden Steinzeitgrabhügel **Harhoog** und **Tipkenhoog,** bis die Straße am Rand der Marsch eine Rechtskurve macht und landeinwärts zurück ins Dorf führt.

Ganz am anderen, dem nördlichen Ortsende thront eine Landmarke auf dem Geestrücken: **St. Severin,** Sylts schönste Kirche. Wenn Sie im Inneren den romanischen Taufstein, den gotischen Flügelaltar, die Renaissancekanzel und die Orgel bewundert haben, sollten Sie den **Friedhof** besuchen. Und ihn durch den Südeingang verlassen: Hier sitzt vor einem Gebüsch eine Bronzeskulptur. Eine Replik des Werks *Cloak of Conscience* von Anna Chromy. Unheimlich oder ergreifend? Halten Sie eine Weile inne und machen Sie sich selbst ein Bild.

Sie können aber auch sonst auf „Kunstpfaden“ wandeln, gilt Keitum doch als das Kunsthandwerkerdorf der Insel. Am Kliff 5a steht das lauschige **Witthüs,** in dem Sie Elegantes und Verspieltes – von Schmuck bis Schalen – aus Bronze, Glas oder Ton entdecken können. Die Goldschmiedin **Antje Ballauf** (Alter Kirchenweg 4) schafft großen, unverwechselbaren Schmuck. Im Bahnhofsgebäude findet man im **Glasatelier** von Antje Otto Schmuck, Objekte und Glasbilder. Auf dem Weg dorthin liegt in einem alten Friesenhaus (Gaat 6) die **Töpferei Kunststück** von Regine Skoluda und Till Bruttel, die ihre Unikate mal zart, mal kontrastreich bemalen. In der **Schmuckwerkstatt** von Birte Wieda (Gurtstig 26) entstehen vor allem gradlinige, formreduzierte Schmuckstücke. Etwas verspielter ist da der Schmuck aus der Gold- und Silberwerkstatt von Christoph Frei-

Salon 1900
Eine Institution. Aus dem „Salon“, in dem sich die Keitumer früher oft zum Feiern trafen, ist längst ein feines, gemütliches Restaurant geworden mit Gerichten wie Keitumer Bouillabaisse, gebratene Jakobsmuscheln, geschmorte Kalbsbäckchen oder Salzwiesenlamm in der Kräuterkruste, die man nur empfehlen kann! Tagsüber gibt's auch Kuchen und Waffeln im lauschigen kleinen Garten.

Keitumer Süderstr. 40 | 25980 Keitum | Tel. (0 46 51) 93 60 00 | www.salon1900.de

Benen-Diken-Hof
Eines der schönsten Sylter Hotels. Herzstück der 2 ha großen Anlage ist der historische Friesenhof. Rundherum wurden neue Gebäude errichtet, sodass sich nun 120 Betten in Zimmern, Studios und Apartments auf acht reetgedeckte Häuser verteilen. 750 m² Spa- und Saunalandschaft mit Pool, nette Bar. Das hervorragende Restaurant *Køkken* setzt primär auf Fisch & Co. und lädt auch Nichthotelgäste ein.

Keitumer Süderstr. 3–5 | 25980 Keitum | Tel. (0 46 51) 9 38 30 | www.benen-diken-hof.de

er (Erich-Johannsen-Wai 1). Und in der Schmuckwerkstatt **Momo** von Astrid Jahnke (Gurtstig 12) können Sie in 2 bis 3 Stunden sogar Ihren eigenen Ring fertigen! Außerdem gibt es im Dorf allein neun **Kunstgalerien** und diverse Einrichtungsläden von friesischer Wohnkultur bis zu modernem nordischem Design.

Ebenfalls lohnenswert ist eine kulinarische Shoppingtour: Starten Sie zum Beispiel am Ortseingang mit einem Imbiss im **Johannes King Genuss-Shop** (Gurtstig 2; ▸ Seite 136) und marschieren dann über die Bahngleise hinweg in Keitums Süden. Hier verkauft der **Gänsehof** (Koogstr. 2) Delikatessen von Lamm, Gans und Galloway-Rind, gegenüber vom Bahnhof an der Straße nach Morsum gibt es in der **Sylter Landschlachterei** (Bäderstr. 2) allerlei Gutes vom Galloway, dazu Marmelade, Suppen und Selbstgemachtes in Konserven, und im **Friesischen Käselädchen** (Siidik 6) ist die Kühltheke gefüllt mit Wurst- und Käsespezialitäten von Ziege, Schaf und Kuh. Das **Kontorhaus Keitum** (Siidik 15) führt – neben einer Unmenge von Teesorten natürlich – alle Accessoires rund um die Teekultur. Und im großzügigen Teeraum können Sie mit Blick auf die Marschwiesen Ihre ganz persönliche Teezeremonie zelebrieren. Etwas Besonderes hier sind übrigens die wundervollen Jazz- und Klassikkonzerte, die mehrmals im Jahr in kleinem Rahmen stattfinden.

Ganz anders als Keitum – nämlich klein und still – ist **Munkmarsch:** Man glaubt es kaum, aber der Mini-Ort nördlich von Keitum war bis zum Bau des Hindenburgdamms 1927 der wichtigste Hafen der Insel, kamen hier doch die meisten Feriengäste an! Heute ist der Hafen zu Füßen des Fährhauses Sylt eine gemütliche Marina für Segler und Heimat von Calle Schmidts **Syltsurfing,** Sylts ältester Surf- und Segelschule.

Fährhaus Sylt
Aus dem einstmals rustikalen Fährhauslokal wurde zunächst ein Restaurant und dann durch moderne Anbauten mit 41 exquisiten Zimmern und Suiten ein nobles Hotel in herrlicher Lage am Wattenmeer. Auch ohne hier zu wohnen, können Sie es sich im Day Spa gut gehen lassen und im Restaurant *Käpt'n Selmer Stube* (überdachte Terrasse mit Blick auf den Seglerhafen) friesische Küche vom Feinsten genießen.

Bi Heef 1 | 25980 Munkmarsch | Tel. (0 46 51) 9 39 70 | www.faehrhaus-sylt.de

MEHR ENTDECKEN
Am Watt zwischen Keitum und Munkmarsch
Der gut 3 km lange Weg am Wattenmeer entlang ist einer der schönsten Spaziergänge auf Sylt. Verläuft er doch auf der relativ windgeschützten Leeseite der Insel und verschafft Ihnen bei klarem Wetter einmalige Ansichten: Von Morsum bis List haben Sie fast die ganze Ostküste der Insel im Blick. Starten Sie einfach irgendwo am Grünen Kliff und spazieren nach Norden. Rast-Tipp: die Bank am Rand der Jückersmarsch, zwischen der Holzbrücke und Munkmarsch.

Am Watt wandert man über die Jückersmarschbrücke bis Munkmarsch

33 | Morsum & Archsum

Stille Dörfer in der Marsch

Anfahrt

Vom Bahnhof Westerland 11,5 km | Auto/Bus 20 Min., Fahrrad (10,5 km) 35 Min. (bis Morsum)

Vom Bahnhof Westerland 7 km | Auto/Bus 10 Min., Fahrrad (7,5 km) 25 Min. (bis Archsum)

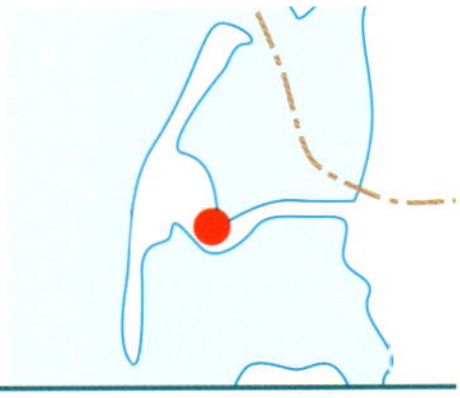

Urlauber und Residenten lieben das immer noch landwirtschaftlich geprägte Morsum für seine Beschaulichkeit. Unter Geologen aber ist Sylts östlichstes Dorf weltbekannt: Das Millionen Jahre alte Morsum-Kliff ist ein erdgeschichtlicher Hotspot. Kaum jemand hingegen kennt Archsum, das kleinste Dorf der Insel …

Leider ist die einzigartige Landschaft des farbenprächtigen, 20 Meter hohen **Morsumer Kliffs** zunehmend bedroht: Die starken Stürme der letzten Jahre haben schon etliche Meter der Steilküste abgetragen, deren älteste Erdschichten bis zu 10 Millionen Jahre alt sind. Zu diesem ältesten Naturschutzgebiet Deutschlands gehört auch die oberhalb liegende **Heidelandschaft.** Hier, mitten im größten zusammenhängenden Hünengräbergelände Deutschlands, haben seltene Pflanzen, Reptilien und Vögel ein Rückzugsgebiet.

Über allem thront das feine **Landhaus Severin's** – das erste Gebäude, das Sie sehen, wenn Sie mit

St. Martin
Die kleine Kirche aus dem 12. Jh. besitzt keinen Turm, sondern nur einen sogenannten Glockenstapel aus Holz, der auf dem hübschen Friedhof steht.

Serkwai/Haawerlön | 25980 Morsum |

Alte Schule
Im einzigen Restaurant Archsums ist die Küche regional, bodenständig und schnörkellos. Die Portionen sind üppig bemessen – ob eingelegter Schafskäse mit Salat, Kartoffelsuppe mit Speckstippe und Krabben, Sauerfleisch mit Bratkartoffeln oder Pannfisch mit Senfsoße. All das und noch viel mehr zu günstigen Kursen!

Dorfstr. 6 |
25980 Archsum |
Tel. (0 46 51) 89 15 08 |
www.alteschule-sylt.de

Der verträumte kleine Friedhof von St. Martin, mittendrin der Glockenstapel

dem Zug über den Damm kommen, und der perfekte Platz für einen Imbiss nach einem Spaziergang am Fuß des Kliffs, durch die Heide und am Rand des Vogelschutzgebiets **Nösse.**

Das Dorf selbst hat kein eigentliches Zentrum, Mittelpunkt ist das **Muasem Hüs** mit einem Restaurant. Hier findet übrigens auch der schönste **Oster- und Weihnachtsmarkt** auf ganz Sylt statt! Nebenan liegt der kleine Supermarkt. Sie können Eier, die berühmten Morsumer Kartoffeln und vieles mehr aber auch auf dem **Hansenhof** (Terpstig 65) kaufen. Nicht essbar, dafür wohlriechend sind die Produkte der **Sylter Seifenmanufaktur** im Bahnhofsgebäude (Bi Miiren 11) und von exquisiter Schönheit die – bezahlbaren – Schmuckstücke von **Edda** und **Jonas Raspé** (Terpstig 15).

Wie Zuhause
Wo sich die Morsumer zu allen möglichen Anlässen treffen, im Gemeindezentrum, können Sie sich wirklich wie zu Hause fühlen, gibt's dort doch auch anständig was zu futtern: Bauernfrühstück, Labskaus, Muscheln, Scholle etc. Die wechselnde Tageskarte bietet außerdem immer wieder was Besonderes!

Bi Miiren 17 (im Muasem Hüs) | 25980 Morsum | Tel. (0 46 51) 8 35 15 83 | www.wiezuhause-morsum.de

Hof Galerie
Die Kunstwerke an den Wänden dieses Boutiquehotels erinnern noch an die Hof-Galerie, aus der das kleine, feine 4-Sterne-Luxus-Haus entstand: 20 großzügige Suiten, eine begrünte Gartenterrasse mit Blick auf die Morsumer Wiesen und eine moderne Wellnessoase mit Pool. Praktisch: Gleich gegenüber offeriert das *Gartencafé Ingwersen* eine gute, aber nicht gerade billige Bistroküche.

Serkwai 1 | 25980 Morsum | Tel. (0 46 51) 95 70 50 | www.hotelhofgalerie.de, www.ingwersen-sylt.de

34 | Rantum

Zwischen den Meeren

Anfahrt

Vom Bahnhof Westerland 6 km | Auto/Bus 8 Min., Fahrrad (6 km) 20 Min.

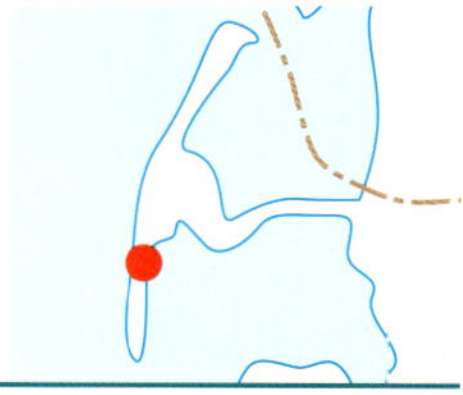

Rantum punktet mit einer privilegierten Lage mitten zwischen Wattenmeer auf der einen und offener Nordsee auf der anderen Seite: Nur rund 600 Meter beträgt der Abstand zwischen den zwei Küsten. Genauso unterschiedlich die Gäste: Die einen lieben die Ruhe am Watt, die anderen den Strandtrubel rund um Sansibar und Samoa.

Bis ins 19. Jahrhundert wurde das Dorf dank seiner exponierten Lage immer wieder von Sturmfluten heimgesucht und regelmäßig wurden die ärmlichen Hütten von Sandverwehungen verschüttet. Die wenigen Bewohner, die Anfang des 19. Jahrhunderts noch aushielten, zogen sich ganz auf eine Landzunge an der Wattseite zurück, auf die **Rantum-Inge** – hier liegt die Keimzelle des heutigen Ortes.

Dessen Gäste genießen den „Seitenwechsel“ zwischen Wattenmeer und Brandungswellen: Bildschön ist zum Beispiel der Übergang zum Strand oben auf der Düne beim **Bistro Strandmuschel** (Aussichtsplattform nebenan). Auf dem Weg dort-

★ **Sylt-Quelle**
Die Gebäude der Sylt-Quelle sind auch architektonisch interessant: Das 4,5 km südlich bei Samoa entspringende Mineralwasser wird per Pipeline hierhergeleitet und abgefüllt.

Hafenstr. 1 | 25980 Rantum | www.sylt-quelle.de

★ **Rantumbecken**
Das 570 ha große Naturschutzgebiet ist Brut- und Rastplatz für viele Vogelarten und eine Rad- oder Wandertour auf dem 9 km langen Deich rund ums schilfgesäumte Wasser ein einmaliges Erlebnis.

Am Strand von Rantum geht es auch in der Hochsaison ganz entspannt zu

hin haben Sie an einer Stelle sogar beide Meere im Blick! Auf der Dünenkette verläuft ein Bohlenweg mit einer Bank hier und da: Von hier den Sonnenuntergang zu genießen kann süchtig machen! Im Dorf finden Sie einige gute Restaurants, dazu einen kleinen Supermarkt, eine Bäckerei, ein paar Shops und im Sommer einen Gemüsehöker – also alles, was an Infrastruktur für einen entspannten Urlaub nötig ist. Dazu gehört natürlich auch das Badeerlebnis in der Nordsee, das insgesamt 14 Strandübergänge ermöglichen, verteilt auf 8 Kilometer Strandlänge.

Ohnehin findet das touristische Leben nördlich und südlich des Dorfkerns statt. Im Süden an ebenjenem Strand mit zwei Hotspots: Am Übergang Samoa wartet das **Samoa Seepferdchen** mit guter Küche, hohem Chillfaktor und Strandsauna auf – erst schwitzen, dann schwim-

Coast
Das *Coast* präsentiert sich als „Restaurant & Weinbar“ schick und modern, aber ganz und gar unprätentiös. Sehr zu empfehlen sind neben den Steaks und Koteletts das Kalbstatar mit Ziegenquark als Vorspeise und der turmhohe „Coast-Burger“. Und warum „Weinbar“? Wegen der 300 Weine und z. B. der 35 Gins.

Frühstück 9–12 Uhr (auch auf der Terrasse), Abendkarte ab 17 Uhr | Stiindeelke 2 | 25980 Rantum | Tel. (0 46 51) 15 51 | www.restaurant-coast.de

Hus in Lee
Drinnen rustikal und gemütlich, draußen ein herrlicher großer Garten mit vielen Tischen, dazwischen ein lauschiger Wintergarten: Vor über 30 Jahren hat Alexander Blume eine echte Institution etabliert. Der stets freundliche Service serviert gute Qualität vom Blechkuchen übers Krabbenbrot bis zu Kalbsschnitzel und Kutterscholle.

Hörnumer Str. 26 | 25980 Rantum | Tel. (0 46 51) 2 15 89 | www.hus-in-lee.de

men, dann schlemmen. Und natürlich (schon auf halbem Weg nach Hörnum) Herbert Secklers bundesweit bekannte Gourmethütte **Sansibar,** in der längst nicht mehr nur die Prominenz regelmäßig feiert, zumal das Preis-Leistungs-Verhältnis hier wirklich erstklassig ist.

Im Norden urlauben die, die es sich leisten können, im kleinen Luxushotel **Söl'ring Hof** in den Dünen, Wirkungsstätte von Zweisternekoch Johannes King. Hier zu speisen sollten Sie sich nach Überprüfung Ihrer Urlaubskasse aber mal gönnen, wenn Sie sehr zeitig reservieren … Ottonormalurlauber zieht es an die Wattseite, an den Hafen, der Hauptzugang ist gekennzeichnet durch eine Pyramide aus Baumstämmen. Linker Hand liegen zunächst das Dorfhotel und das Ensemble der **Sylt-Quelle** (▸ Seite 134), wo im Sommer die kultigen Veranstaltungen des **Meerkabaretts** das Publikum begeistern. Rechter Hand klotzen ehemalige Kasernengebäude aus den 1930er-Jahren, in denen heute Jugend- und Erholungsheime mit 1 200 Betten untergebracht sind. Auf dem weiteren Weg können Sie unter anderem im **Sansibar Depot** und **Outlet** allerlei Produkte mit dem Gekreuzte-Säbel-Logo erwerben.

Vorbei am verwunschen liegenden **Minigolfplatz** kommen Sie dann zum verträumten, kleinen Rantumer Hafen. Hier wird circa dreimal pro Woche im **Hafenkiosk 24** Fisch geräuchert. Nebenan, im **Sylter Trading Kontor,** gibt's exquisite Whiskys, Rums, Gins und Liköre. Direkt neben dem Segelverein wird in der **Kaffeerösterei Sylt** Kaffee „mit der Hand" gemacht. All diese aromatischen Erzeugnisse können Sie kaufen und vor Ort probieren. Der Hafen ist auch ein guter Startpunkt zur Erkundung des **Rantumbeckens** (▸ Seite 134) das zusammen mit dem angrenzenden Wattenmeer vor allem im Frühjahr und Herbst Refugium für Tausende von Enten und Watvögeln ist. Fernglas nicht vergessen!

Haus Hanseat

Familie Bourne führt ihr kleines, familiäres Hotel in den Dünen mit Engagement. 13 gemütliche, helle, nicht sehr große Doppel- und Einzelzimmer und ein Studio mit Pantry über zwei Ebenen. Einige Zimmer haben eine Terrasse – ebenso wie der Frühstücksraum, der besonders schön ist, wenn die Sonne hineinscheint. Zwei Saunen gibt's auch.

Dünem Wai 2 |
25980 Rantum |
Tel. (0 46 51) 2 32 56 |
www.hanseat-sylt.de

SCHÖNES IN DER NÄHE
Eidum-Vogelkoje

Die hervorragend restaurierte Entenfanganlage am nordwestlichen Ende des Rantumbeckens war bis 1934 in Betrieb. Durch ein großes Fenster im Infozentrum kann man Vögel auf dem Kojenteich beobachten. Und wenn gerade keine rumschwimmen: In Dioramen sind über 50 Vogelarten von ganz nah zu betrachten. Ein verwunschener Bohlenweg führt durch die dicht bewachsene Anlage.

Mitte Mai–Mitte Okt. | 4 km nördlich von Rantum, östlich der Landstraße (ausgeschildert)

Das Reet ist geerntet, die Schafe geschoren: Frühling am Rantumbecken

35 | Hörnum

Sylts sandige Südspitze

Anfahrt

Vom Bahnhof Westerland 6 km | Auto/Bus 8 Min., Fahrrad (6 km) 20 Min.

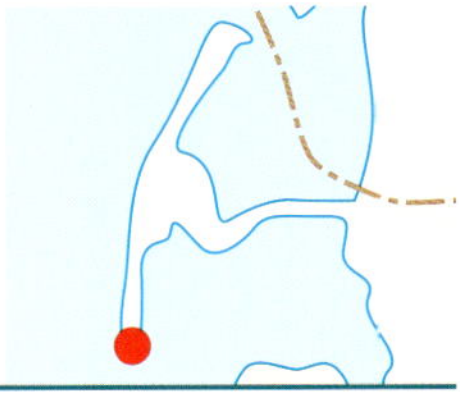

Sylts südlichster Ort wird vor allem an seiner Westküste immer stärker vom Blanken Hans bedrängt, der stürmischen Nordsee. Nur dank aufwendiger Küstenschutzmaßnahmen liegt Hörnum noch immer sicher und geschützt hinter den Dünen. Augenfällig wird der Landverlust an der Odde, Sylts sandiger Südspitze.

Das südliche Inselende müssen Sie unbedingt einmal umwandern, liefert es doch ein eindrückliches Beispiel für den Landverlust, der Sylt bedroht. Noch Mitte der 1990er-Jahre benötigte man gut drei Stunden zur Umrundung der **Odde,** heute schafft man das locker in einer Stunde. Und Sie sollten die Ebbe abwarten – bei Hochwasser schlagen die Wellen oft bis an die Dünen. Übrigens: Falls Sie beim Spaziergang ins Grübeln kommen, welche Inseln Sie da eigentlich schräg voraus sehen, dann wenden Sie einfach die „Ralf-Regel“ an: **r**echts **A**mrum, **l**inks **F**öhr.

An der in einer Holzbaracke aus den 1930er-Jahren residieren-

★ **Leuchtturm**
Das stärkste Leuchtfeuer an den deutschen Küsten (50 km Reichweite) wurde 1907 errichtet. 33,5 m hoch (48 m über NN) ist der rot-weiße Turm.

Karten für Führungen beim Tourismus-Service: Rantumer Str. 20 | 25997 Hörnum | www.hoernum.de

★ **Arche Wattenmeer**
Das größte Nationalpark-Infozentrum an der deutschen Nordseeküste. Auf zwei Etagen Dioramen, Aquarien, Touch Pool, eine begehbare hölzerne Arche und vieles mehr. Wer zwischendurch eine Pause braucht, setzt sich ins Café Leuchtturm.

Rantumer Str. 33 | 25997 Hörnum | www.arche-wattenmeer.de

In herrlicher, aber auch gefährlicher Randlage: die Häuser im Westen Hörnums

den **Schutzstation Wattenmeer** (Rantumer Str. 27) starten Exkursionen zu vielen den Nationalpark und das Weltnaturerbe Wattenmeer betreffenden Themen. Schauen Sie mal rein in die Hütte! Die acht Meerwasseraquarien sind hochinteressant. Auch nebenan, in der profanierten St.-Josephs-Kirche, widmen sich die liebevoll gestalteten, kindgerechten Ausstellungen in der **Arche Wattenmeer** dem Thema Nordsee.

Hörnum selbst ist seit jeher ein familienfreundlicher Ort und hat alles, was Selbstversorger so brauchen: einen Supermarkt, ein Fischgeschäft, eine Bäckerei mit Café-Restaurant, Gaststätten und eine Kneipe. Nur besonders hübsch ist er nicht. Hörnum war nämlich (wie List) im Dritten Reich Marinestützpunkt – die ehemaligen Kasernen am Ortseingang sind baulicher Rest dieser Geschichte. Sie werden heute

Stræend
Achten Sie auf das Hinweisschild! Liegt das coole Bistro doch etwas abseits gleich am Ortsanfang auf einer Düne neben dem Campingplatz. Das Gebäude ist nicht gerade ansprechend, aber Fish & Chips, Burger, Pasta und verschiedene Bowls sind einfach köstlich! Tipp: Probieren Sie mal „Pulpo, gestrændet". Die Terrasse hat keinen Meerblick, doch über die Düne gleich gegenüber führt eine Treppe zum Weststrand.

Am Campingplatz 3 | 25997 Hörnum | Tel. (0 46 51) 9 36 43 33 | www.straend-sylt.de

Strönholt
Für den markanten Bau hoch über dem Golfplatz wurden Klinkersteine der abgerissenen Hörnumer Kasernen verwendet. Erstklassige, regional beeinflusste Bistroküche: Vom „Mittagsgericht" und der Bistrokarte über die Kaffeetafel bis zum Abendmenü ist hier alles ein Genuss! Bei bester Aussicht aufs Meer von fast jedem Tisch drinnen und auf der Terrasse.

Fernsicht 1 | 25997 Hörnum | Tel. (0 46 51) 4 49 27 27 | www.stroenholt.de

als Ferienheime und Jugendherberge genutzt. Unbedingt sehenswert ist aber die strahlend weiße, einer Segelschiffsilhouette nachempfundene Kirche **St. Thomas,** erbaut 1970. Und Hörnum arbeitet an seinem verstaubten Image – in wenigen Jahren wird man die Ortschaft nicht mehr wiedererkennen. Nach dem Abriss der meisten Militärgebäude machte das Luxushotel **Budersand** samt Sternerestaurant *Kai 3* und herrlichem Golfplatz den Anfang, es folgte eine neue Promenade an der Wattseite. Ein ansprechend gestalteter *Hapimag*-Ferienwohnungskomplex mit Wellnessangeboten für jedermann, neue Hotels und hübsche Häuschen mit Wohnungen für Sylter Bürger komplettieren einstweilen das neue Ortsbild.

Und bald ist der **Hafen** dran. Die Kaianlagen sind marode, und im Zuge der nötigen Sanierung soll das Hafengelände ganz und gar umgestaltet werden. Doch sicherlich wird es das lebhafte Zentrum Hörnums bleiben: Hier legen die Ausflugsschiffe der Adler-Reederei nach Föhr, Amrum und zu den Halligen ab, hier können Sie in der Fangsaison Krabben frisch vom Kutter „Alk" kaufen und im **Sylter Muscheln Bistro** Miesmuscheln von den Hörnumer Muschelbänken kaufen oder vor Ort verspeisen. Das Hafenbecken ist auch die Heimat von Willi, einer weiblichen (!) Kegelrobbe, die sich hier seit 1991 mit Matjes und Co. füttern lässt. Bedenkt man, dass Kegelrobben etwa 30 Jahre alt werden, sollten Sie Willi unbedingt bald mal einen Besuch abstatten …

Hörnums **Strände** schließlich verteilen sich auf zwei Küsten: Am Weststrand ist viel Platz für Brandungsschwimmer, Strandsaunisten, FKKler und Hundebesitzer. Den besten Überblick hat man vom **Bistro Breizh** in den Dünen. Der relativ geschützte Oststrand ist super für SUPer, Segler, Kite- und Windsurfer, die ihren Treffpunkt am Ende der Promenade bei **Südkap Surfing** haben.

54° Nord
Designhotel in der Ortsmitte.
22 helle, komfortabel und stilsicher eingerichtete Zimmer und Suiten, viele mit Loggia oder Terrasse. Im Haus befindet sich die unkonventionelle „Genusswirtschaft" *Dock 2*. In diesem Bistro gibt es z. B. Ziegen- und Schafskäse überbacken, Cheeseburger, Flammkuchen und eine wechselnde Tageskarte.

Strandstr. 2 |
25997 Hörnum |
Tel. (0 46 51) 44 91 70 |
www.hotel54gradnord.de

MEHR ENTDECKEN
Golfclub Budersand
Der schönste der vier Sylter Golfplätze ist sicherlich dieser herrlich über dem Meer gelegene, anspruchsvolle Links Course – der einzige deutsche True Links Course mit 18 Löchern. Nur seinetwegen logieren viele Gäste im Luxushotel *Budersand* am Hafen zu Füßen des Platzes. Doch auch wer nicht pitcht und puttet kann z. B. vom Restaurant *Strönholt* aus seine Schönheit genießen.

Fernsicht 1 | 25997 Hörnum |
Tel. (0 46 51) 4 49 27 10 |
www.gc-budersand.de

Einige solcher Treibholzskulpturen stehen am Hörnumer Strand

Register

Impressum

Liebe Leserinnen und Leser,
alle Angaben in diesem Reiseführer sind gewissenhaft geprüft. Trotz gründlicher Recherche unserer Autorinnen und Autoren können sich manchmal Fehler einschleichen. Wir bitten um Verständnis, dass der Verlag dafür keine Haftung übernehmen kann. Über Hinweise, Berichtigungen und Ergänzungsvorschläge freuen wir uns jederzeit.

via reise verlag
Lehderstraße 16–19
13086 Berlin
post@viareise.de
www.viareise.de

1. Auflage, Berlin 2020

ISBN 978-3-945983-79-9

Text & Recherche
Arnd M. Schuppius

Redaktion
Janna Menke

Herstellung & Gestaltung
Annelie Krupicka, Katharina Arlt

Kartografie
Annelie Krupicka, Katharina Arlt,
Janina Johannsen

Druck
Ruksaldruck, Berlin

MIX
Papier aus verantwortungsvollen Quellen
FSC www.fsc.org
FSC® C104247

Fotos Innenteil
Arnd M. Schuppius, außer: ©Andreas Birresborn/LKN.SH 26 (l.), 29; ©Andreas Dölz 74, 76 (l. + r.), 81 ©Bettina Görke/Museumsverbund Nordfriesland 44 (r.); Blickfang/stock.adobe.com 127 (o.); Dirk Maus/PIXELIO 12; Dronepicr/Wanderdüne Sylt/Flickr.com/CC-BY-2.0/bearb. 122 (r.); Echino/PIXELIO 58; ©Erlebniszentrum Naturgewalten 122 (l.); ©Föhr Tourismus GmbH 104; ©Föhr Tourismus GmbH/ Folker Winkelmann 93 (o.), 107; ©Föhr Tourismus GmbH/Harald Bickel 87 (o.), 92 (l.), 103; ©Föhr Tourismus GmbH/Moritz Kertzscher 88 (o.), 97, 101, 102; ©Föhr Tourismus GmbH/Oliver Franke 84; Frank Wagner/stock.adobe.com 100; Gabriele Planthaber/PIXELIO 141; Gabriele Rohde/stock.adobe.com 11; Gemeinde Langeneß 60; Gemeinfrei 13, 14, 15 (o.), 17, 19 (l.), 33 (u.), 42, 46 (u.), 53 (o.), 53 (u.), 54 (u.), 64, 70, 72, 86 (l.), 95, 111, 119, 120, 126 (l. + r.), 128 (o.), 138 ©Golf Club Föhr e.V./Harald Bickel 93 (u.); Hannes/stock.adobe.com 125; Hans Peter Dehn/PIXELIO 24; hanseat/Fotolia 51; hanseat/stock.adobe.com 39; Harald/stock.adobe.com 75; ©Helga Schulze, Heide 38; ©Helmut Wiege 63; Henry Czauderna/stock.adobe.com 77 (o.); ©Holger Bulk Photography 108; Holger.Ellgaard/Tönning Packhaus 2015/CC-BY-3.0/bearb. 26 (r.); Horst Schröder/PIXELIO 86 (r.); Hydebrink/stock.adobe.com 54 (o.) Inge Knol/stock.adobe.com 61; Janina Dierks/stock.adobe.com 73; JFL Photography/stock.adobe.com 45; Jürgen Fälchle/stock.adobe.com 4/5; Katja Xenikis/stock.adobe.com 139; ©Leslie Denkner 57; ©Lukas Spoerl 99; Martin Jäger/PIXELIO 52; ©Middendorf/AMNF 59; ©Museum am Meer 18 (r.); ©Museum der Landschaft Eiderstedt 32 (r.); ©Museum Kunst der Westküste/Gerhard Kassner 96; ©Naturkundemuseum Niebüll 66 (r.); ©Naturzentrum Amrum 80 (l. + r.); Nightflyer/Brunsbüttel, am Schleusenmuseum Atrium NIK 2643/CC-BY-3.0/bearb. 8 (l.); Nightflyer/Schleswig-Holstein, Meldorf, Dithmarscher Landesmuseum NIK 1956/CC-BY-4.0/bearb. 15 (u.); ornithograph/stock.adobe.com 131; Paulwip/PIXELIO 77 (u.); Peter Smola/PIXELIO 10; ©Phänomania Büsum 19 (r.); pkazmierczak/stock.adobe.com 135; pure-life-pictures/stock.adobe.com 27, 123; ©Roman Matejov Fotografie 114, 115; ©Silke Meyer 32 (l.); ©Sölring Museen 127 (l. + r.); ©Stadt Brunsbüttel 8 (r.); ©Stadtmarketing Niebüll GmbH 66 (l.), 67, 69; Stefanie Lauterwein/PIXELIO 79; stylefoto24/stock.adobe.com 65; sweasy/Shutterstock.com 41; sweasy/stock.adobe.com 9; ©Sylt Aquarium 110; ©Sylt Marketing/Jaana Trebesius 116 (r.); ©Sylt Marketing/Lynn Scotti 132; ©TMS Büsum GmbH 6, 19 (o.), 20, 23 ©Tourismus und Stadtmarketing Husum GmbH 46 (o.); ©Tourismus-Service Kampen 121; ©TZ SPO 33 (o.), 34, 36; Wabner-Andrea/stock.adobe.com 137; ©Weihnachtshaus 44 (l.); x-ray-andi/PIXELIO 92 (r.)

Umschlagfoto vorn
Strand in Westerland auf Sylt (Pawel-Kazmierczak/Shutterstock.com)

Umschlagfoto hinten
Reetdachhäuser in List auf Sylt (pkazmierczak/stock.adobe.com)

Foto Umschlagklappe vorn
Kutter im Hafen von Büsum (©TMS Büsum GmbH)

Foto Seite 1
Seehund in der Seehundstation Friedrichskoog (Dirk Maus/PIXELIO)